中国-东盟法律研究中心 ── 重庆市人文社会科学重点研究基地

最高人民法院东盟国家法律研究基地

>> 本书是中国-东盟法律研究中心规划课题成果

中國—东盟法律评论

CHINA-ASEAN LAW REVIEW

(2021 Volume)

第十二辑 二〇二一年

■ 主　　编:张晓君

■ 主办单位
中国西南政法大学
中国—东盟法律研究中心

■ Chief Editor　Zhang Xiaojun
■ Sponsors
Southwest University of Political Science and Law of China
China-ASEAN Legal Research Center

■ 执行编辑: 徐忆斌　王泽银　阳兴龙

■ Executive Editors: Xu Yibin　Wang Zeyin　Yang Xinglong

厦门大学出版社　国家一级出版社
XIAMEN UNIVERSITY PRESS　全国百佳图书出版单位

中國—东盟法律评论

韩桥凌

Bình luận pháp luật Trung quốc—Asean.

越南—中国—东盟法律信息咨询中心主任陈大兴用越南文字为
《中国—东盟法律评论》题写刊名

Journal Undang Undang Asean China

冯正仁

马来西亚联邦法院前大法官、第五届"中国—东盟法律合作与发展高层论坛"
组委会主席冯正仁先生以马来语为《中国—东盟法律评论》题写刊名。

柬埔寨司法部大臣昂翁·瓦塔纳用高棉语为《中国—东盟法律评论》题写刊名

China. ASEAN Legal
Research Centre plays
vital role in legal
communication and
cooperation between
China and Myanmar

17.12.16

H.E. Mr. Win Myint
Deputy Attorney General
Union Attorney General's office
Republic of the Union of Myanmar

缅甸联邦最高检察院副检察长吴温敏为中心题词

Many thanks for
China- ASEAN Legal Research Center
to provide the Strenthing legal Caperaton
between Incheresia and China

Nanning. China
6th. Dec. 2017

Indonesia Attorney General
H. M PRASETYO

印尼最高检总检察长 穆罕默德·普拉赛特为中心题词

中国一东盟法律研究
中心:

法学之花盛开!

徐步陪
驻东盟大使
二〇二四二月七日

中国—东盟法律研究中心理事会人员名单

■中国

理事长
张鸣起　　　　　　　　　　中国法学会副会长兼秘书长

副理事长
付子堂　　　　　　　　　　西南政法大学校长

秘书长
张晓君　　　　　　　　　　西南政法大学国际法学院院长

《中国—东盟法律评论》顾问委员会委员

■中国

张鸣起　　　　　　　　　　中国法学会副会长兼秘书长
付子堂　　　　　　　　　　西南政法大学校长
王　瀚　　　　　　　　　　西北政法大学副校长
杨国华　　　　　　　　　　清华大学法学院教授

■东盟国家

占·索斯威　　　　　　　　柬埔寨司法部国务秘书
王科林　　　　　　　　　　文莱仲裁协会会长
麦特瑞·苏塔帕古　　　　　泰国最高法院法官
哈达·阿里　　　　　　　　前印度尼西亚最高法院院长
冯正仁　　　　　　　　　　前马来西亚联邦法院大法官
吴温敏　　　　　　　　　　前缅甸联邦最高检察院副总检察长
扎伦·叶宝和　　　　　　　前老挝总理府部长和政府发言人

Advisory Committee

■China

Zhang Mingqi	Vice President and Secretary General of the China Law Society
Fu Zitang	President of Southwest University of Political Science and Law
Wang Han	Vice President of Northwest University of Political Science and Law
Yang Guohua	Professor of School of Law, Tsinghua University

■ASEAN Countries

Chan Sotheavy	Secretary of State of Ministry of Justice of Cambodia
Colin Ong	President of Arbitration Association of Brunei Darussalm
Maitree Sutapakul	Justice of the Supreme Court of Thailand
Muhammad Hatta Ali	Former President of the Indonesian Supreme Court
Tan Sri James Foong	Former Justice of the Federal Court of Malaysia
U Win Myint	Former Deputy Attorney General of the Union, Republic of the Union of Myanmar
Chaleuan Yapaoher	Former Minister of Prime Minister's Office of Laos and Governmental Spokesman

编 者 按

2020 年 10 月 26 日至 29 日，中国共产党第十九届中央委员会第五次全体会议胜利举行。这次全会是在"两个一百年"奋斗目标历史交汇点上召开的一次十分重要的会议，具有里程碑意义。习近平总书记在全会上所作的工作报告、说明和重要讲话，高屋建瓴、总揽全局、思想深邃、内涵丰富，具有很强的战略性、前瞻性、指导性，为全面建设社会主义现代化国家开好局、起好步指明了方向、提供了根本遵循。全会审议通过的《中共中央关于制定国民经济和社会发展第十四个五年规划和二〇三五年远景目标的建议》，是夺取全面建设社会主义现代化国家新胜利的纲领性文件，对于建设社会主义现代化国家、实现中华民族伟大复兴具有重大而深远的意义。

为深入学习贯彻习近平新时代中国特色社会主义思想，认真学习贯彻习近平法治思想，深入宣传贯彻党的十九届五中全会精神和中央全面依法治国工作会议精神，西南政法大学国际法学院和中国法学会中国—东盟法律研究中心精心组织力量，深入研究阐释十九届五中全会和中央全面依法治国工作会议提出的新思想、新观点、新论断，共形成了十六篇学习心得和阐释成果，内容涵盖参与全球经济治理体系改革研究、加强涉外法治体系建设研究、建设对外开放高地研究、加强人才队伍建设研究四方面的专题。

专题一为参与全球经济治理体系改革研究，包括五篇文章。西南政法大学国际法学院院长、中国—东盟法律研究中心秘书长张晓君教授和博士研究生宋愿愿合著的《迈向未来的亚太命运共同体的构建》一文，通过回顾"亚太命运共同体"的历史渊源，指出了构建亚太命运共同体的核心内涵及亚太命运共同体存在的问题，并提出了亚太命运共同体的构建原则和构建路径；西南政法大学国际法学院张春良教授和博士研究生魏瑛婕合著的《论高质量共建视域下廉洁"一带一路"的法治保障》一文，通过分析"廉洁之路"与"干净之手"的紧密关联，指出以"干净之手"促进国际法治发展和"干净之手"塑造高质量"廉洁之路"护航"一带一路"落实走深,行稳致远;西南政法大学国际法学院王玫黎教授和博士研究生陈悦合著的《"双循环"背景下货物多式联运一单制的推进路径研究》一文,通过梳理货物多式联运一单制发展的现状,理清多式联运一单制在实施中可能或已经遭遇的法律困境,力图为我国货物多式联运一单制的推进提供参考及指南;西南政法大学国际法学院陈咏梅教授和博士研究生伍聪聪合著的《〈区域全面经济伙伴关系协定〉对数字贸易的规制研究》一文,以 RCEP 的签署为背景,指出 RCEP 对数字贸易市场准入、贸易便利化及营商环境的规制,提出对中国规制数字贸易的建议;西南政法大学国际法学院马知罕老师和博士研究生侯姣合著的《RCEP 背景下我国知识产权保护制度适应性分析及完善路径》一文,对 RCEP 知识产权章节中的重点内容进行了解读,并结合我国知识产权制度的现状,对完善我国知识产权制度提出建议。

专题二为加强涉外法治体系建设研究,包括四篇文章。西南政法大学国际法学院岳树梅教授与博士研究生王蒙合著的《国际核安全法律保障机制研究——基于人类命运共同体理念下展开》一文,通过对国际核安全法律保障机制相关概念的厘定,以人类命运共同体理念为国际核安全法律保障机制建设的遵循指南,提出了中国推动国际核安全法律保障机制走出困境的具体策略;西南政法大学国际法学院全小莲副教授和硕士研究生武义翔合著的《习近平法治思想下的境外非政府组织法律治理研究——以〈境外非政府组织境内活动管理法〉为中心》一文,从法律本身和法律实施过程两个层面分析我国现行境外非政府组织法律治理中存在的问题与不足,进而提出相应对策;西南政法大学国际法学院谢小庆副教授撰写的《国内法治和涉外法治统筹建设的美国经验及对我国的启示》一文,从实现坚持统筹推进国内法治和涉外法治这一重点任务出发,对统筹推进国内法治和涉外法治的美国经验进行初步探讨和研究并借鉴其中有益经验,服务我国法治建设;西南政法大学国际法学院讲师、海洋与自然资源法研究所秘书长何琴撰写的《中国参与海洋环境保护国际治理的思考》一文,从习近平法治思想的指导意义出发,分析现有国际海洋环境治理体系面临的挑战和中国的机遇,探讨中国参与国际海洋环境治理的理念与原则。

专题三为建设对外开放高地研究,包括四篇文章。西南政法大学国际法学院刘彬副教授撰写的《实行高水平对外开放,开拓合作共赢新局面——十九届五中全会精神下中国自贸区战略的再出发》一文,通过领会十九届五中全会与中国自贸区战略相关的会议精神,先对中国自贸区战略的历程进行回顾,再立足于当前政策需要,探讨相关的提升思路;西南政法大学国际法学院宋云博副教授撰写的《自由贸易港区服务贸易监管机制》一文，通过与服务贸易监管机制的比较分析，指出了我国自贸港区服务贸易监管机制存在的问题和困境并提出对我国自贸港区服务贸易监管机制的完善建议；西南政法大学国际法学院田路老师和硕士研究生李昱阳合著的《高水平对外开放背景下重庆自贸区进出口食品安全风险防控法律规制路径研究》一文，以进出口食品安全风险防控为理论指导，初步对重庆自贸区进出口食品安全风险监管现状进行分析，并在此基础上提出了建构风险防控便利化和安全协调的路径选择；西南政法大学徐忆斌副教授和硕士研究生张兵义合著的《新发展格局背景下自贸试验区更大改革自主权法治保障论析》一文，以新发展格局为立足点，以赋予自贸试验区更大改革自主权法治保障为目标，通过对自贸试验区改革自主权法治保障现状与不足的描述与分析，提出相关完善建议。

专题四为加强人才队伍建设研究，包括三篇文章。西南政法大学国际法学院徐鹏副教授撰写的《论对外开放新格局下涉外法律人才培养的路径和实践》一文，主张采用"3WHO"系统性思维视角，基于特定教学目的，着眼于给定的教学场景，由作为教学直接参与者的教师和学生通过相应的组织方式，开展国际法课程的学习。根据国际法必修课和选修课的不同类型以及开设的不同学期、学生法律知识的储备情况，提出"教师主导型"、"教师学生协作型"和"学生主导型"的三种教学路径；西南政法大学国际法学院梅傲副教授和硕士研究生苏建维合著的《"一带一路"的创新型、复合型涉外法律人才培养模式优化研究》一文，通过分析"一带一路"倡议下培养涉外法律人才的必要性，立足涉外法律人才培养的既存问题，提出了创新涉外法律人才培养模式的具体措施；西南政法大学国际法学院王晓燕副教授和西南政法大学比较与国际体育法研究中心助理研究员倪大保合著的《论新时代高层次法治人才培养模式改革——以"就业前置"为视角》一文，通过分析法学博士生培养模式的现存问题，结合法学博士生培养模式的参考模型，指出法学博士生"就业前置"的培养机制与方向，以提升高层次法治人才的培养质量。

目 录

专题四　加强人才队伍建设研究

Contents

3

专题一

参与全球经济
治理体系改革研究

迈向未来的亚太命运共同体的构建*

张晓君**　宋愿愿***

摘要：当前人类命运共同体理念深入人心，但是同时国际环境日趋复杂，不稳定性、不确定性明显增加。2020 年 APEC 非正式会议确立了 2040 年建成亚太共同体宏伟目标，如何实现这一目标成为亚太地区国家面对的共同任务。在构建亚太命运共同体的道路上，必须面对的两个问题是亚太经合组织不具备组织机构，以及亚太经合组织的宣言或联合声明没有约束力。CPTPP 与 RCEP 是目前实现亚太命运共同体的两个路径，但是目前两者的竞争使亚太地区面临制度性分裂和碎片化的局面。中国建议以共商共建共享为原则，以融合 CPTPP 和 RCEP 为路径构建亚太命运共同体。

关键词：亚太命运共同体；TPP；CPTPP；RCEP；共商共建共享

一、"亚太命运共同体"的历史渊源

2020 年 10 月 26 日至 29 日，中国共产党第十九届中央委员会第五次全体会议在北京举行。全会深入分析了我国发展环境面临的深刻复杂变化，认为当前和今后一个时期，我国发展仍然处于重要战略机遇期，但机遇和挑战都有新的发展变化。当今世界正经历百年未有之大变局，新一轮科技革命和产业变革深入发展，国际力量对比深刻调整，和平与发展仍然是时代主题，人类

*　本文系教育部哲学社会科学研究重大课题"对于'一带一路'沿线国家投资风险监测预警体系研究"的成果。

**　张晓君，西南政法大学国际法学院教授，博士生导师。
***　宋愿愿，西南政法大学国际法学院博士研究生。

命运共同体理念深入人心，同时国际环境日趋复杂，不稳定性、不确定性明显增加。[①]

2013 年习近平主席在 APEC 印度尼西亚巴厘岛峰会上首次提出牢固树立亚太命运共同体意识，强调亚太各经济体利益交融，命运与共，一荣俱荣，一损俱损，要牢固树立亚太命运共同体意识，以自身发展带动他人发展，以协调联动最大限度发挥各自优势，传导正能量，形成各经济体良性互动、协调发展的格局。[②] 在习近平主席的不断呼吁和推动下，APEC 成员纷纷接受建立亚太命运共同体的主张。至 2017 年 APEC 第二十五次领导人非正式会议把建立亚太命运共同体的主张写入《亚太经合组织第二十五次领导人非正式会议宣言》，即《岘港宣言》，声明再次致力于亚太地区国家共同目标，即建立一个和平、稳定、充满活力、相互联系、繁荣的亚太共同体，重申支持 2030 年可持续发展议程，并将其作为包容性增长的框架。[③] 2020 年，亚太经合组织的一项重要任务是开启 2020 年后的合作愿景，我们达成了共建亚太共同体的目标。我们应该以此为新起点，开启亚太合作新阶段，延续亚太地区强劲发展势头，迎接亚太地区共同繁荣未来，共同构建开放包容、创新增长、互联互通、合作共赢的亚太命运共同体。[④]

二、构建亚太命运共同体的核心内涵

7 年来，从倡导构建互信、包容、合作、共赢的亚太伙伴关系，到倡导构建开放型亚太经济，习近平主席利用出席领导人非正式会议和在工商领导人峰会发表主旨演讲等多个场合就加强区域合作提出一系列重大倡议，为推动构建亚太命运共同体提供思想指引。[⑤] 构建亚太命运共同体共有四个核心内涵，即开放包容、创新增长、互联互通和合作共赢。

---

① 《中国共产党第十九届中央委员会第五次全体会议公报》，https://politics.gmw.cn/2020-10/30/content_34322553.htm，最后访问日期：2020 年 12 月 12 日。

② 《推动构建亚太命运共同体，习主席怎么说？》，http://www.xinhuanet.com/world/2020-11/18/c_1210892822.htm，最后访问日期：2020 年 12 月 12 日。

③ 《亚太经合组织第二十五次领导人非正式会议宣言》，http://www.xinhuanet.com/2017-11/12/c_1121941182.htm，最后访问日期：2020 年 12 月 12 日。

④ 习近平：《携手构建亚太命运共同体》，载《人民日报》2020 年 11 月 21 日第 2 版。

⑤ 《推动构建亚太命运共同体，习主席怎么说？》，http://www.xinhuanet.com/world/2020-11/18/c_1210892822.htm，最后访问日期：2020 年 12 月 12 日。

(一)坚持开放包容

开放包容是构建亚太命运共同体的根本之道,包容性增长仍是此次会议议程中的首要任务,涉及人力资源开发,环境友好型解决方案及使所有人受益的经济质量增长等领域。亚太自由贸易区倡议首次于 2004 年提出,并于 2006 年被写入 APEC 领导人宣言。搁置 8 年后,在 2014 年 APEC 北京峰会上,亚太自由贸易区倡议得到了所有成员的一致支持,次年,APEC 菲律宾马尼拉峰会提出落实路线图的几项措施。2016 年,APEC 秘鲁利马峰会批准了《亚太自贸区集体战略研究报告》和相关政策建议,出台了《亚太自贸区利马宣言》。2017 年,APEC 越南岘港峰会宣言重申致力于全面、系统地推进亚太自贸区进程,推动亚太经合组织区域经济一体化进程,鼓励各经济体进一步发展、制订工作方案,提高亚太经合组织经济体参与未来高质量、全面的自由贸易协定谈判的能力。APEC 经济体应进行关于亚太自贸区实现路径的评估,找出亚太自贸区进程中的最大挑战领域。

(二)坚持创新增长

坚持创新增长,全面落实亚太经合组织互联网和数字经济路线图。数字经济是一种主要依靠数字技术运作的经济,通过互联网进行电子交易,实现产品和服务的买卖。在互联网的帮助下,商家可以完成最大数量的业务交易。数字经济已经实现了经济领域的巨大增长和创新,扩大企业商机,使企业能够参与国际商品和服务贸易,创造新的就业机会,促进就业。亚太地区发达国家、发展中国家和最不发达国家并存,数字经济发展不均衡,数字基础设施建设存在差距,APEC 在早期曾推出了 13 个经济技术合作领域、6 个优先领域和 4 个新增领域。2010 年,APEC 高官会议批准了《APEC 资助的能力建设经济技术合作活动和其他经济技术合作活动指导框架》,旨在帮扶经济技术落后国家提升竞争新优势,紧追全球数字经济发展浪潮。中国积极且真诚地分享智慧城市、数字技术抗疫和数字减贫经验成果,助力亚太地区创新城市发展模式,恢复经济和消除贫困,努力创造一个有益数字经济和创新的营商环境,加强数字基础设施建设,加快数字转型,缩小数字鸿沟。

(三)坚持互联互通

互联互通是实现区域经济一体化与构建亚太命运共同体的重要基础,也是实现全球联动发展的必要条件。在新冠肺炎疫情背景下,互联互通的重要性更加凸显,我们要继续推进落实《亚太经合组织互联互通蓝图》。2013 年 APEC 印尼巴厘岛峰会发表的领导人会议宣言提出了促进亚太区域互联互通的五点意见,将实现亚太无缝、全方位的互联互通和一体化列为 2020 年实现"茂物目标"及"茂物与后茂物时代横滨愿景"的一部分。[①] 2014 年 10 月,APEC 北京会议批准了《亚太经合组织互联互通蓝图》,承诺在 2025 年前采取一致行动,实现既定目标,加强实体、机构和人与人之间的互联互通,实现亚太无缝、全面互联和一体化。[②]《亚太经合组织互联互通蓝图》加速和鼓励了平衡、安全、可持续、包容的增长,使亚太经合组织更紧密地团结在一起。2017 年 APEC 越南岘港峰会宣言重申致力于在 2025 年前建成一个无缝、全面互联、一体化的亚太地区,欢迎各经济体为促进政策协作、贸易便利化、互联互通、融资和人文交流而开展的合作,重申优质基础设施对可持续经济增长的重要性,并承诺通过充分投资加强公私伙伴关系,在数量和质量上促进基础设施建设,鼓励在边远地区开展可持续发展的各种举措,包括可持续的农村交通系统和安全协作,以促进可持续发展。在此次新冠肺炎疫情期间,亚太地区国家共同积极推动国际防疫健康信息互认。中方已经同印尼、韩国、新加坡等成员开通了疫情期间人员流动"快捷通道",愿同各方一起积极稳妥推进货物"绿色通道"建设,维护亚太地区人员流动便利化,保障全球和亚太地区产业链、供应链安全畅通运转。

(四)坚持合作共赢

合作共赢是构建亚太命运共同体的正确方向。亚太经济合作从来不是零和博弈、你输我赢的政治游戏,而是相互成就、互利共赢的发展平台。在新冠肺炎疫情背景下,有些国家秉持零和游戏的冷战思维,违背国际关系原则,践踏国际准则的权威性和严肃性,奉行单边主义和保护主义,中国作为一个负责任的亚太大国,始终谋求中华民族伟大复兴而无意称霸,与世界其他国家和睦相处,强调同世界其他国家一道打造兴衰相伴、安危与共的命运共同体。中国始终是亚太持久和平的维护者、互利合作的推动者、共同繁荣的践行者,为维

---

① 《亚太经合组织第二十一次领导人非正式会议宣言》,http://world.people.com. cn/n/2013/1008/c64387-23127631.html,最后访问日期:2020 年 12 月 15 日。

② 《亚太经合组织第二十二次领导人非正式会议宣言附件四 亚太经合组织互联互通蓝图(2015—2025)》,http://finance.people.com.cn/n/2014/1112/c1004-26007967.html,最后访问日期:2020 年 12 月 15 日。

护亚太安全、促进共同发展发挥了重要作用。如今,亚太作为全球最具发展活力和潜力的地区,日益成为全球经济复苏和发展的希望所在。与此同时,亚太地区在世界战略布局中的地位不断上升,面对当前亚太安全形势的深刻复杂变化,亚太各国始终坚持以和平、发展、合作、共赢为地区形势发展的主流,求同存异,谋求互利共赢。历经8年搁置与谈判,2020年11月15日中国与其他14国正式签署区域全面经济伙伴关系协定(RCEP),建立全球规模最大的经济圈,世界上最大的自贸区扬帆起航。RCEP的成功签署被视为多边主义和自由贸易的胜利,必将为促进地区的发展繁荣增添新动能,为世界经济实现恢复性增长贡献新力量。

三、构建亚太命运共同体存在的问题

亚太地区可以说是地球上最重要的地区,同时也是最复杂和最具争议的地区。亚太区域拥有世界上三个最大的经济体美国、中国和日本,以及一些重要的战略关系。亚太经济合作组织是一个由21个成员组成的经济集团,成立于1989年,主要目标是促进环太平洋经济体的自由贸易和可持续发展。亚太经合组织成立以来,取得了许多成就,对于降低关税、提高海关效率、缩小发展中国家和发达经济体之间的差距发挥着重要作用。亚太经合组织还与气候变化作斗争,捣毁恐怖主义网,提高透明度,促进经济一体化。此外,该组织通过培养共同利益,提高了地区国家生活水平和教育水平,并在亚太国家中培养了共同体意识。尽管如此,构建亚太命运共同体还是存在一些不可忽视的问题。

(一)亚太经合组织不具有组织机构

迄今为止,亚太经合组织最显著的特质之一是其区域组织机构发展水平相对较低。亚太经合组织不是一个组织机构,相反是一个合作的多边经贸论坛。亚太经合组织这一特质是在孕育期就已经决定了的。亚太经合组织的成立是为了应对亚太经济体日益相互依赖和世界其他地区区域贸易集团的到来,如欧洲联盟和北美自由贸易区,消除对高度工业化的八国集团成员日本将主导亚太地区经济活动的担忧,并在欧洲以外建立农产品和原材料的新市场。

1989年1月31日,时任澳大利亚总理的鲍勃霍克在首尔的韩国商业协会提出了亚太区域经济合作的建议。澳大利亚之所以决定主动推动亚太经合组织的建立,主要是因为它害怕被排斥在正在发展的新共同经济区之外。彼时,欧共体正在努力建立货币联盟,东南亚国家正在建立东盟自由贸易区。当时澳大利亚有一种强烈的与全球经济隔绝的感觉。亚太经合组织是一个外向型的组织，并没有建立一个贸易区，这在一定程度上反映了澳大利亚的孤立主义恐惧。

但是，一开始任何东盟国家都不愿参加亚太经合组织，特别是对建立区域性协议持谨慎态度，因为担心该区域性协议最终可能会被诸如日本、中国和美国等大国控制。一方面，他们持有参加这样的协议也许反过来可能会增加超级大国干预本国内政机会的心态，另一方面，也担心如果不加入该协定，他们将变得孤立无援。在仔细考虑了利弊之后，东盟决定在最初的设想被提出后大约六个月内参加亚太经合组织。对该决定最重要的影响之一是亚太经合组织的两个主要发起人保证东盟国家将是组织的核心，并且亚太经合组织将保持任何商定原则的约束性。因而亚太经合组织既没有像欧盟那样成为正式的准联邦协定，也没有成为一个大型组织机构。对东盟的承诺极大地影响了该组织的发展，亚太经合组织可以被视为是临时讨论该地区经济发展的协商论坛，而无须举行定期的部长级会议。毫无疑问，亚太经合组织是亚太地区有关经济事务的对话和决策的极为重要的论坛。

亚太经合组织的组织结构是基于"自下而上"和"自上而下"的方法。四个核心委员会及其各自的工作组为亚太经合组织领导人和部长们提供战略政策建议，他们每年都为总体目标和倡议设定愿景。然后，这些工作组的任务是通过各种亚太经合组织资助的项目来实施这些举措。在亚太经合组织能力建设项目的协助下，各成员国还采取个别和集体行动，在各自经济体内实施亚太经合组织倡议。

（二）亚太经合组织的宣言或联合声明没有约束力

世界贸易组织（WTO）将约束力视为促进自由化协定的基本要素。西方国家认为，约束力是全面执行协定的唯一保障措施。然而，亚太经合组织的立场是自由化只能通过个别成员的自愿行动来实现。由于成员国的经济发展水平各不相同，对所有成员国实行单一规则被认为不太可能有效。因此亚太经合组织部长和领导人发表的宣言或联合声明没有任何约束力，大多数只是建议或政策性声明，指明了亚太经合组织活动的方向。因此，许多亚太经合组织的宣言或联合声明经常被外界批评为模棱两可的和肤浅的，缺乏具体的限制性规定，有时只有空洞的口号。亚太经合组织因而被称为简单的领导人和部长磋商会议。造成亚太经合组织的宣言或联合声明没有约束力的原因来自亚太经合组织的决策程序和原则。

亚太经合组织在其决策过程中采用了基于共识的决策程序。由于成员的多样性,亚太经合组织的决策程序不同于 GATT/WTO 的程序,是建立在逐步谈判的基础上达成共识的,而不是通过投票决定。在亚太经合组织,所有经济体都有平等的发言权,在公开对话和尊重所有参与者意见的基础上协商一致达成决策。1993 年,美国在西雅图会议上改变对约束力的立场,提高对亚太经合组织的参与程度,施加压力试图使亚太经合组织的宣言或联合声明具有约束力。然而,东盟成员国希望继续维持宣言或联合声明不具有约束力。在 1994 年雅加达部长级会议上,成员国通过了非约束性原则。

亚太地区有自己的特色,社会政治多样性,成员国经济发展的不同程度。因此,亚太经合组织很难采用基于欧盟和北美自由贸易协定中的立法和机构一体化的路径。相反,亚太经合组织进程的主要原则中强调开放地区主义和自愿主义。在亚太经合组织内部,开放区域主义被认为是不歧视外来者的区域经济一体化,这包括逐步消除内部壁垒和降低对成员国的壁垒。这一概念已在 1995 年大阪部长级会议通过的《大阪行动议程》中体现为亚太经合组织自由化和便利化进程的一般原则之一。这种不同于北美自由贸易协定和其他区域贸易协定的开放区域主义的含义如下:这种新形式的地区主义在许多方面是开放的。它的开放是由于其是非歧视性的;所有自由化都要以最惠国为基础。它不涉及具有法律约束力的条约的谈判。

亚太经合组织各经济体在贸易和投资自由化和便利化进程中适用或努力适用相互之间不歧视的原则。亚太地区贸易和投资自由化的结果是亚太经合组织经济体之间,以及亚太经合组织经济体和非亚太经合组织经济体之间的壁垒实际减少。

亚太经合组织的贸易自由化是一种基于自愿主义的贸易自由化,其核心是各成员经济体的自由裁量权,换言之,成员经济体有能力选择哪些部门与哪些参与者,以及何时开放。自愿主义反映在《大阪行动议程》灵活性部分的基本原则中:考虑到亚太经合组织各经济体的经济发展水平不同,各经济体的情况也各不相同,因此在自由化和便利化进程中处理这些情况所产生的问题时将有灵活性。① 在 EVSL 协商会议上,各成员就是否应将自愿主义或灵活性作为协议原则发生了争议。尽管自愿主义和灵活性的含义看起来非常相似,但还是存在显著的差异。自愿主义适用于成员经济体本身的决策,而灵活性则用于制订实施计划。

---

① 亚太经合组织部长级会议,1995 年:第一部分,A 节,第 4 段。

四、亚太命运共同体的构建原则和构建路径

(一)构建原则——共商共建共享

数百年来,国际法发展成为大国奴役小国的工具,以维护大国的利益为核心建构体系,忽视小国生存发展需求和利益。长期以来,美国等西方国家掌控着全球治理权力结构,拥有绝对的全球治理话语权与影响力,新兴市场国家在全球治理层面是后来者、跟随者,参与有限。① 我国是"一带一路"的倡导者,但建设"一带一路"不是我们一家的事。"一带一路"建设不应仅仅着眼于我国自身发展,而是要以我国发展为契机,让更多国家搭上我国发展的"快车",帮助他们实现发展目标。我们要在发展自身利益的同时,更多考虑和照顾其他国家利益。要坚持正确的利义观,以义为先、利义并举,不急功近利,不搞短期行为。要统筹我国同沿线国家的共同利益和具有差异性的利益关切,寻找更多利益交汇点,调动沿线国家积极性。② 新修订的《中国共产党章程》明确规定:"遵循共商共建共享原则,推进'一带一路'建设。按照独立自主、完全平等、互相尊重、互不干涉内部事务的原则,发展我党同各国共产党和其他政党的关系。"③ 习近平强调,要坚持共商共建共享的全球治理观,维护以世界贸易组织为基石的多边贸易体制,完善全球经济治理规则,推动建设开放型世界经济。伴随着"一带一路"建设的进一步发展,共商共建共享被视为大变局时代缓解国际紧张局势、维护并构建新型国际关系的重要原则。在百年未有之大变局下,共商共建共享原则着手于构建更为公平合理的国际法体系,促进全球治理民主化与法治化。中国将秉持共商共建共享原则,推动共建"一带一路"高质量发展。

在客观上,共商共建共享原则推动了世界携手应对经济面临的挑战,开创了发展新机遇,谋求了发展新动力,拓展了发展新空间,实现了优势互补、互利

---

① 毕秋:《全球治理的理念创新与实践推进》,载《延边党校学报》2017 年第 6 期。

② 习近平:《推进"一带一路"建设,努力拓展改革发展新空间》,载《习近平谈治国理政(第二卷)》,外文出版社 2017 年版,第 501 页。

③ 《中国共产党章程》十二,http://www.xqzzb.gov.cn/zbz/djzc/202006t20200618_5855895.html,最后访问日期:2020 年 12 月 15 日。

共赢,推动世界不断朝着人类命运共同体方向迈进。① 共商共建共享原则为亚太命运共同体的构建提供了正确的发展方向,也为全球治理民主化和法治化提供了机会和可行路径,进而发挥亚太经合组织的制度溢出效应,推动早日建成亚太命运共同体。

(二)构建路径——融合 CPTPP 和 RCEP

21 世纪以来,伴随经济全球化的加速推进,区域化逐渐成为其主导趋势②,东亚展望小组(EAVG)于 2001 年发表的最后报告,主张建立东亚自由贸易区(EAFTA)。在这一理念下,报告呼吁东盟＋3 国家形成区域经济区。在中国的大力支持下,专家们于 2005 年 5 月开始在非政府层面研究这一构想。2006 年 8 月,日本政府建议建立东亚全面经济伙伴关系(CEPEA),成员包括东盟和日本、中国、韩国、印度、澳大利亚和新西兰六个国家。在 2007 年 1 月的东亚峰会上,与会领导人同意就 CEPEA 举行非政府专家研究会。在接下来的几年里,这两个概念被同时考虑。然而,众所周知,这些讨论最终反映了中日两国在理想的地区秩序构想方面的冲突。这种理想的对立阻碍了这两个计划的统一。在 2009 年 8 月的东亚峰会经济部长会议上,决定继续并行审议 EAFTA 和 CEPEA。对 EAFTA 和 CEPEA 的审议引发了美国官员的危机感。亚太经合组织工商咨询理事会(ABAC)在 2004 年 11 月圣地亚哥亚太经合组织首脑会议上提出构建亚太自贸区的建议。亚太自贸区的目标是建立一个由亚太经合组织成员组成的经济区。亚太自由贸易区为亚太经合组织内部积极讨论经济自由化提供了一个机会,而在那次会议上,关于经济自由化的讨论已经停滞了一段时间。美国最初对 FTAAP 并不热心,这可能在很大程度上反映了当时美国对通过多边协定在亚洲开展合作的消极态度。然而,美国在 2006 年前后开始对 FTAAP 表现出兴趣,以回应先前讨论的 EAFTA 和 CEPEA。最初提出建立跨太平洋伙伴关系协定(TPP)的四个国家都是小国。然而,也许正是由于这个原因,由于无法依赖本国市场,他们不得不通过更大程度的自由化来寻求摆脱这种局面的途径。因此,美国开始表达其参与 TPP 的意图。2008 年 9 月,在小布什政府即将结束之际,美国宣布将在美国

---

① 习近平:《开辟合作新起点 谋求发展新动力——在"一带一路"国际合作高峰论坛圆桌峰会上的开幕辞》,载《人民日报》2017 年 5 月 16 日第 2 版。

② 全毅:《国际经济环境的演变趋势与我国经济转型》,载《世界经济与政治论坛》2012 年第 4 期。

与 TPP 现有成员国内阁官员的会议上加入 TPP 协议的谈判。[①] 在美国宣布加入 TPP 后,澳大利亚、秘鲁和越南立即表示了类似的兴趣。在奥巴马政府时期,TPP 被认为是美国"重返亚洲"政策的一部分。2009 年 12 月,奥巴马总统正式通知国会,美国将参加 TPP 谈判。[②] 然后,2010 年 3 月,TPP 的 P4 国家和包括美国在内的新一批国家开始就扩大协议进行谈判。10 月,马来西亚加入了谈判。谈判是建立在最初的 TPP 的基础上的,但新的和现有的参与者都致力于制定与亚太地区贸易有关的新规则。继 2010 年 10 月马来西亚加入、2012 年 10 月加拿大和墨西哥加入,以及 2013 年 7 月日本加入后,TPP 谈判最终包括 12 个国家。

尽管如此,TPP 谈判的启动,最初在中国和东盟的决策者中引起了一种危机感,他们担心能否在区域经济集团形成过程中保持其区域影响力和领导地位。中国过去支持东盟+3 集团的东亚自由贸易区的立场有所软化,这在很大程度上改变了局势。2011 年 8 月,日本和中国共同提出了《区域经济一体化联合计划》。制定者表示,该倡议包括在商品、服务和投资三个领域设立新的工作组;在 2012 年东亚峰会和其他地点的领导人会议上提交关于这些工作组讨论结果的报告;参与东盟和已与东盟缔结自由贸易协定的六个国家(日本、中国、韩国、澳大利亚、新西兰和印度)的对话。这一倡议预示着东亚自由贸易区和 CEPEA 的统一。此外,参与国与 CEPEA 成员国完全相同,而 CEPEA 是日本提出并支持的。在 2011 年 11 月的东盟经济部长会议上,达成了一项基本协议,即组成一个由东盟成员国和上述六个其他国家组成的广泛的区域集团,该计划在随后不久举行的第十九届东盟首脑会议上得到了最终确认。首脑会议还通过了《东盟区域经济伙伴关系框架》,该框架指出,东亚经济集团的创建应通过"东盟+"集团来完成,即以东盟为中心,区域经济伙伴关系计划(RCEP)是 EAFTA 和 CEPEA 合并的结果。所有讨论 RCEP 的国家都在 2012 年 11 月的第 21 届东盟峰会上聚集,并宣布开始 RCEP 谈判。

在通向亚太地区广域一体化的路径上,经过多年博弈和演进客观上形成

[①] Trans-Pacific Partners and United States Launch FTA Negotiation,https://ustr.gov/trans-pacific-partners-and-united-states-launch-fta-negotiations,最后访问时期:2020 年 12 月 16 日。

[②] The Letter to Robert C. Byrd,United States Senate President Pro Tempore,United States Senate,and the Letter to the Honorable Nancy Pelosi,Speaker of the House of Representatives,Office of the United States Trade Representative,Office of the President,December 14,2009.

了以东盟为主导的亚洲机制和以美国为主导的亚太机制等两条主要路径。美国不想被排除在该地区经济一体化进程之外,东盟希望确保自己在区域一体化进程中的影响力。美国签订 TPP 是为了组建一个由美国主导的大型区域经济集团,以及建立一个国际联盟来遏制中国,而 RCEP 则是中国试图将自己置于区域经济一体化框架的中心抵制美国野心。

虽然亚太地区国家在积极尝试建立 FTAAP,但是 FTAAP 的构想在短期内难以实现,原因有两个:一是亚太经合组织成员国和地区众多,二是各成员国经济发展水平和经济体制差异很大。TPP 不是亚太经合组织合作的一部分,一些亚太经合组织成员利用亚太经合组织提供的机会举行会议并进行谈判,从而实现了高质量、全面的区域贸易协定或自由贸易协定。尽管 TPP 与 APEC 没有系统的联系,但它被认为是旨在实现亚太经济一体化的 FTAAP 的实质性先驱。RCEP 是中国推动的 EAFTA 谈判与日本提出的 CEPEA 谈判的融合。随着中国在亚太地区的重要性的增长,成为亚太经济的基石,亚太经济相互依存度不断提高,中国经济与周边国家和美国的经济联系越来越紧密。即使 TPP 曾经是奥巴马总统所说的不让中国"制定全球经济规则"的工具,也将中国永远排除在 TPP 之外变得现实。如果 TPP 要在亚太地区建立既在整个地区通用又适合其未来发展的贸易规则,那么就有必要预见中国被纳入 TPP 的可能性以及实现这一目标的路线图。中国也曾多次发表声明暗示,正在考虑参与 TPP。2017 年,特朗普政府宣布美国退出 TPP 后,日本、加拿大、澳大利亚、智利、新西兰、新加坡、文莱、马来西亚、越南、墨西哥和秘鲁等 11 个国家于 2018 年签署了《全面与进步跨太平洋伙伴关系协定》(CPTPP),目前中国对加入《全面与进步跨太平洋伙伴关系协定》(CPTPP)持积极开放态度。[①]

早在 2006 年,APEC 就提出建立亚太自贸区的倡议并将其列入长期目标。中国在 2014 年 APEC 宁波高官会议上提出加强区域经济一体化的 APEC 工作框架及其四项建议:(1)加强区域一体化或自贸区协议的透明度;(2)强化实现亚太自贸区能力建设的措施;(3)形成实现亚太自贸区的工作框架;(4)发起亚太自贸区可行性研究。CPTPP 和 RCEP 两个轨道的发展可能导致亚太地区陷入制度化分裂,可能会制定相互冲突的规则并产生"意大利面碗"效应,尽早就亚太自贸区进行深入讨论有助于将 TPP 和 RCEP 变为通往

---

① 《商务部:中国对加入 CPTPP 持积极开放态度》,https://www.chinanews.com/cj/2020/11-19/9342459.shtml,最后访问日期:2020 年 12 月 12 日。

亚太自贸区道路上的"垫脚石"而非"绊脚石"。[①] 中国认为实现亚太自由贸易区有两条路径,分别是 RCEP 和 CPTPP。CPTPP 已经生效两年,备受关注的 RCEP 也已经签署,两条路径都已经成型,中国将与各经济体一道共同推动亚太自贸区由愿景成为现实。[②]

中国希望以 RCEP 为依托展开对 TPP 的谈判,将两者融为亚太自贸区。从现实情况出发,主要是将 TPP 和 RCEP 谈判的主要议题和内容进行整合,而不是以一个区域安排取代另一个区域安排,可以保证亚太自贸区满足最大多数成员的利益。当前,保持 TPP 与 RCEP 之间的对话与开放具有重要意义。中方认为,应在亚太经合组织框架内加强区域经济一体化,并强调以茂物会议 2020 年的目标年度为建立亚太自由贸易区的时间表。中国希望就基于 RCEP 的 TPP 展开谈判,并将其纳入亚太自由贸易区。从现实出发,主要是整合 CPTPP 和 RCEP 谈判的主要主题和内容,而不是用另一种区域安排代替,这可以确保亚太自由贸易区最大数量成员国的利益被满足。

结　语

2020 年 11 月 20 日第二十七次亚太经合组织领导人非正式会议发表了《2020 年亚太经合组织领导人吉隆坡宣言》,领导人意识到自由、开放、公平、非歧视、透明和可预测的贸易和投资环境对危机期间推动经济增长的重要性,承诺不走回头路,不诉诸保护主义措施,以保持市场和边境开放,一致同意努力达成一项涉及 21 个 APEC 经济体的大规模自由贸易协定,以深化地区一体化,重振遭受新冠肺炎疫情冲击的经济。会议还通过了《2040 年亚太经合组织布特拉加亚愿景》,代替于 2020 年年底到期的"茂物目标"。布特拉加亚愿景展望到 2040 年建成一个开放、活力、强韧、和平的亚太共同体,实现亚太人民和子孙后代的共同繁荣,致力于相互协作,提供自由、开放、公平、无歧视、透明和可预测的贸易和投资环境,将以市场为导向,进一步推动"茂物目标"和亚太地区的经济一体化,促进治理和利益相关方的参与,以保持 APEC 作为

[①] 全毅:《TPP 和 RCEP 博弈背景下的亚太自贸区前景》,载《和平与发展》2014 年第 5 期。

[②] 《合作前景可期! APEC 区域经济一体化成就显著"2020 年后合作愿景"即将推出》,https://baijiahao.baidu.com/s? id = 1683842487097540304&wfr = spider&for = pc,最后访问日期:2020 年 12 月 12 日。

区域经济合作首要论坛的独特地位。此次会议确立的 2040 年建成亚太共同体宏伟目标，为亚太合作开启新征程、共创共享亚太和平繁荣美好未来提供了重要指引。亚太地区国家山水相连，共饮太平洋之水，应以新愿景为新起点，开启亚太合作新阶段，迈向构建亚太命运共同体的光明未来。

Building an Asia-Pacific Community with a Shared Destiny Towards the Future

Zhang Xiaojun   Song Yuanyuan

Abstract：At present，the concept of a community with a shared future for mankind is deeply rooted in the hearts of the people，but at the same time，the international environment is becoming more and more complex，and the instability and uncertainty are obviously increasing. This year's APEC informal meeting has established the grand goal of building an Asia Pacific community by 2040. How to achieve this goal has become a common task for countries in the Asia Pacific region. On the road of building a community of shared destiny in the Asia Pacific region，two problems we must face are that APEC has no organizational structure，and APEC declaration or joint statement is not binding. CPTTP and RCEP are the two paths to realize the Asia Pacific Community of shared destiny，but the competition between them makes the Asia Pacific region face the situation of institutional division and fragmentation. China proposes to build an Asia Pacific Community of shared destiny based on the principle of discussing building and sharing together，and the path of integrating CPTTP and RCEP.

Key words：Asia Pacific Community of Shared Destiny；TPP；CPTTP；RCEP；Discussing Building and Sharing Together

论高质量共建视域下廉洁 "一带一路"的法治保障[*]

张春良[**]　魏瑛婕[***]

摘要:《中共中央关于制定国民经济和社会发展第十四个五年规划和二〇三五年远景目标的建议》明确指出"推动共建'一带一路'高质量发展",共建"一带一路"步入了新阶段。"廉洁之路"是新阶段高质量共建"一带一路"的题中之义,对中国投资者"高水平"走出去提出了必然要求。"干净的手"原则是中国投资者共建"廉洁之路"的根本遵循,为促进"一带一路"的廉洁建设提供法治护航,一方面在国际法层面为"廉洁之路"主张提供立足点,可促使其为国际社会更广泛接受与支持;另一方面因"干净的手"原则的建设性模糊,中国应借力积极参与国际规则的改革和完善。"干净的手"原则从资本输出国和输入国双重维度出发,为我国高质量共建廉洁"一带一路"提供法治化构建方案。

关键词:高质量共建;"一带一路";廉洁之路;"干净的手"原则

2017 年 5 月,习近平主席在"一带一路"国际合作高峰论坛上发表主旨演讲时明确指出:让"一带一路"成为廉洁之路。[①] 2019 年 4 月,在第二届"一带一路"国际合作高峰论坛圆桌峰会上致题为《高质量共建"一带一路"》的开幕词,习近平主席提出"要本着开放、绿色、廉洁理念,追求高标准、惠民生、可持

---

　* 本文系司法部国家法治与法学理论研究重点项目"论海牙'判决项目'的最新发展"(18SFB1009)资助成果;2020 年重庆市研究生科研创新项目"廉洁之路视域下渝企海外投资全程监管机制构建"(CYB20137)资助成果。

　** 张春良,西南政法大学国际法学院副院长,教授。

　*** 魏瑛婕,西南政法大学国际法学院博士研究生。

　① 习近平:《要让"一带一路"成为廉洁之路》,http://www.xinhuanet.com/world/2017-05/14/c_129604269.htm,最后访问日期:2020 年 12 月 10 日。

续目标"。① "一带一路"建设正在从"大写意"迈入"工笔画"新阶段。在该论坛的廉洁丝绸之路分论坛上,中国与有关国家、国际组织以及工商学术界代表进一步共同发起了《廉洁丝绸之路北京倡议》。随后外交部部长王毅就第二届"一带一路"国际合作高峰论坛成果接受媒体采访时进一步表示:"建设绿色之路、廉洁之路、创新之路。"②《中共中央关于制定国民经济和社会发展第十四个五年规划和二○三五年远景目标的建议》明确指出"推动共建'一带一路'高质量发展"。打造"廉洁之路"成为高质量共建"一带一路"的重要内容和必然要求。在推动"廉洁之路"建设的过程中,需要强化法治思维,运用法治方式,以有效应对挑战、防范风险,护航"一带一路"落实走深,行稳致远。

一、"廉洁之路"与"干净的手"紧密关联

"一带一路"倡议提出以来,我国对外开放始终强调资本、技术等多要素引进来与走出去并举。一方面提高引进来的质量和水平,通过引资和引技引智相结合,带动我国企业嵌入全球产业链与价值链。另一方面支持企业走出去,利用我国已形成的强大产能、适用技术和较充裕外汇储备,扩大对外投资合作,强化我国全球资源整合能力,为经济结构调整拓展战略空间。③ 国际投资促进了资本和技术在全球范围内的流动,进一步扩大国际贸易规模,随着"一带一路"建设的不断推进,与我国相关的国际投资争端不可避免地日益增加。我国提出推动"一带一路"廉洁发展,既有利于有效预防争端,也有利于高效解决争端。在法治思维指导下推动构建"廉洁之路",需找到该主张在国际法上的立足点,以促使其为国际社会更广泛接受,并吸引更多国家与地区加入共建行列。"一带一路"的廉洁性要求投资者尊重各国法律法规,而明确违法投资能否寻求国际法保护,是反向推动投资者自觉守法守规的内在动力。近年来,在国际投资仲裁领域中被广泛提及的"干净的手"原则,为"一带一路"廉洁性

---

① 习近平:《高质量共建"一带一路"——在第二届"一带一路"国际合作高峰论坛圆桌峰会上的开幕辞》,http://cpc.people.com.cn/n1/2019/0428/c64094-31053841.html,最后访问日期:2020 年 12 月 10 日。

② 王毅:《"一带一路"合作将坚持对接普遍接受的国际规则标准和最佳实践》,https://baijiahao.baidu.com/s? id=1632071023284755670&wfr=spider&for=pc,最后访问日期:2020 年 12 月 10 日。

③ 李建平、黄瑾:《谱写新时代中国全面对外开放新篇章》,http://theory.people.com.cn/n1/2018/1105/c40531-30381846.html,最后访问日期:2020 年 12 月 10 日。

建设提供法治保障，并带来重要启示。

"干净的手"原则（clean hands doctrine），亦称"不洁的手"原则（unclean hands doctrine），"干净的手"原则的基本含义可界定为：提起案件的当事人，不论是诉讼中的原告还是仲裁中的申请人，必须在其所主张的请求上无不法或不当的行为。"干净的手"原则具有久远的法理基础，有学者甚至认为，该原则可分别追溯至罗马法和中国古代的习惯法。① "干净的手"原则与罗马法中的"exceptio doli"②（欺诈抗辩）含义相似，即被告都可以依据原告的不当行为，对索赔提起抗辩。在中国古代的习惯法中，也有类似情形。例如，在南宋桂万荣撰写的诉讼案集的《棠阴比事》中，记载的《希崇并付》③与《贾废追服》④两个故事，就皆因诉请者自身行为存在瑕疵，而被驳回请求。

"干净的手"原则因一句法谚而广为人知，即在衡平法院提起诉讼者须清白无瑕（He who comes into equity must come with clean hands）。"干净的手"作为源自英国衡平法中的一项基本原则，其从法谚转变为明确的法律格言，则是由英国大律师理查德·弗朗西斯（Richard Francis）在1728年出版的《衡平法格言》（*Maxims of Equity*）一书当中提出的，该法律格言被表述为："犯下罪孽的人，不应享有衡平。"⑤1787年的德林诉温切尔西伯爵案（Dering v. Earl of Winchelsea）首次将"干净的手"从格言中的法付诸实践，转变成为行动中的法，该原则进入英国的衡平法体系。⑥ 其后，该原则也在美国司法实践中得到了广泛的承认，在可金诉雷布恩案（Kitchen v. Rayburn）中，法庭认为因"干净的手"原则，原告不能寻求法庭的救济；另在凯斯通公司诉通用掘土机公司案（Keystone Driller Co. v. General Excavator Co.）、哈泽阿特拉斯公司诉哈特福德公司案（Hazel-Atlas Glass Co. v. Hartford-Empire Co.）、精密仪器制造公司

① R. Abraham Newman, In: *Equity and law: A comparative study*, Oceana Publications, 1961.

② M.P. Barrett, *Clean hands: immediacy, necessity, depravity*, Thesis of the requirement for the Degree of Doctor of Juridical Science at Monash University, 2015.

③ （宋）桂万荣：《棠阴比事》《希崇并付》。

④ （宋）桂万荣：《棠阴比事》《贾废追服》。

⑤ T. Leigh Anenson, Announcing the "Clean Hands" Doctrine, *UC Davis Law Review*, 2017, Vol.51, No.5.

⑥ J. POMEROY, EQUITY JURISPRUDENCE 398 (5th ed. S. Symons ed. 1941), 转引自 Z. Chafee, Coming into Equity with Clean Hands, *Michigan Law Review*, Vol.47, No.7.

诉汽修机械公司(Precision Instrument Manufacturing Co. v. Automotive Mainte-nance Machinery Co.)等案件中,都采用了"干净的手"原则。

"干净的手"原则在现代国际法领域出现,最早来自常设国际法院(PCIJ),其中最具代表性的案件是 1937 年的马斯河引水案(Diversion of Water from the Meuse Case,Netherlands v. Belgium)①。在联合国国际法委员会关于国家责任条款草案和外交保护条款草案的起草过程中,该原则也曾引起热议,但最终两个条款都未将其纳入。② 此后,"干净的手"原则在国际投资仲裁领域中开始出现,援引"干净的手"原则作为抗辩理由否定投资者的主张,在近年来已然成为作为仲裁被申请人的东道国的"常规"动作,有渐成常态之趋势。③ 东道国的援引在既往案件中通常表现为:当投资者一方被发现存在非法或非正当行为,那么投资者的手就被认为是不干净的,投资者的主张也将会受到阻碍且据此承受损失。④

"干净的手"原则要求投资者的投资行为合法合规,其适用情形包括贿赂、欺诈或虚假陈述及蓄意违反法律法规等非法或非正当行为⑤,与高质量共建

---

① S.M. Schwebel,28-Clean hands, principle,In:*Justice in International Law*,Cambridge University Press,2011.

② 参见联合国国际法委员会系列报告:Document A/CN. 4/546、Document A/CN. 4/SR. 2844、Document A/CN. 4/SR. 2845、Document A/CN.4/SR.2793、Document A/60/10、Document A/CN. 4/498 and Add. 1-4.

③ 例如:尤科斯诉俄罗斯系列案件:Hulley Enterprises Limited(Cyprus)v. The Russian Federation;Yukos Universal Limited(Isle of Man)v. The Russian Federation;Veteran Petroleum Limited(Cyprus)v. The Russian Federation;尼可资源公司诉孟加拉国案 Niko Resources(Bangladesh)Ltd. v. People's Republic of Bangladesh / Bangladesh Petroleum Exploration& Production Company Limited("BAPEX") / Bangladesh Oil Gas and Mineral Coporation("PETROBANGLA")(jointly referred to as Respondents);黑沙姆诉印度尼西亚案 Hesham T. M. Al Warraq v. Republic of IndOnesia;丘吉尔矿业公司诉印度尼西亚案 Churchill Mining PLC and Planet Mining Pty Ltd v. Republic of Indonesia;嘉能可金融公司诉玻利维亚 Glencore Finance(Bermuda)Limited v. Plurinational State of Bolivia;南美银公司诉玻利维亚案 South American Silver Limited v. Bolivia;阿瓦热兹诉巴拿马案 Álvarez y Marín Corporación S.A. and Others v. Republic of Panama;等等。

④ A. Llamzon,Yukos Universal Limited(Isle of Man)v. The Russian Federation the State of the 'Unclean Hands' Doctrine in International Investment Law:Yukos as both Omega and Alpha,*ICSID Review-Foreign Investment Law Journal*,2015,Vol.30,No.2.

⑤ 吕宁宁:《论"干净的手原则"适用的不确定性——以国际投资仲裁为视角》,载《国际法学刊》2020 年第 3 期。

廉洁"一带一路"中"坚持一切合作都在阳光下运作,共同以零容忍态度打击腐败,推动企业在项目建设、运营、采购、招投标等环节按照普遍接受的国际规则标准进行,同时要尊重各国法律法规"的具体要求相吻合。投资者若出现行为偏差,依据"干净的手"原则,投资者则可能无法寻求国际投资法的救济,促使各国投资者主动约束自身投资行为,高度契合了更高质量共建廉洁"一带一路"中提倡的共建精神。"干净的手"原则无论是在国内法治还是国际法治中都存在广泛的应用基础,我国提出的"廉洁之路"主张与"干净的手"原则在文化上存在交汇与共鸣,二者关联密切可靠,更加有利于"廉洁之路"倡议为其他国家理解和接纳,并得到更广泛的响应和支持。

二、"干净的手"促进国际法治发展

无论是东道国还是仲裁庭,当前对"干净的手"原则通常都是采取一种"拿来主义"的态度直接适用,对于其法律定性,特别是其是否作为"一般法律原则"而得到适用,则予以回避。2019 年联合国国际法委员会专门对"一般法律原则"进行了审议,普遍共识是,审议这一专题的起点是《国际法院规约》第三十八条第一款(寅)项[①],并参照各国的实践以及国际性法院和法庭的判例进行分析。[②] "干净的手"当前虽然还未能达到国际法上"一般法律原则"的地位,但必须在理论与实践中予以认真对待,它是"形成中"的一般法律原则。

一方面,"干净的手"在当前并未达到一般法律原则的标准。其原因包括:第一,一般法律原则是普遍适用的,但"干净的手"原则还尚且未能得到国际法庭和仲裁庭广泛而普遍的承认。在圭亚那诉苏里南案(Guyana v. Suriname)[③]、尤科斯诉俄罗斯联邦案[④]中,仲裁庭都认为"干净的手"原则在国际法中存在大量争议,最终没有被认定为国际法的一般原则,也没有予以适用。

第二,《国际法院规约》的起草者认为,一般法律原则在形式上的有效性取

---

① 该条文对一般法律原则的法律性质的权威性陈述如下:"法院对于陈诉各项争端,应依国际法裁判之,裁判时应适用:……(寅)一般法律原则为文明各国所承认者。"

② 参见联合国国际法委员会系列报告:Document A/CN.4/732、Document A/4/10.

③ Guyana v. Suriname, arbitral tribunal constituted under Annex VII of the United Nations Convention on the Law of the Sea，Award (September 17，2007)，para. 418.

④ Yukos v. Russia (n 1)；Hulley Enterprises (Cyprus) Limited，Final Award (18 July 2014)；and Veteran Petroleum Limited (Cyprus) v. Russian Federation，Final Award (18 July 2014)，together referred to as Yukos Final Awards，para. 1358.

决于是否得到"文明各国"的承认。这种承认将构成一个客观基础,达到起草者所希望的不予以法官在确定法律时过多酌处权的目的。这一目的可以通过要求一项原则为各国普遍承认来实现,这一条件不取决于法官或特定国家的主观看法。"干净的手"原则当前并未能为各国所普遍"承认",从国际裁判实践来看,不同的法庭或仲裁庭在认定该原则时,其态度也存在较大差异。①

第三,一般法律原则需为"文明各国"所承认,从国际实践来看,很难证明该原则存在于国际社会中所有国家的法律文化和司法实践中。除此之外,就国际组织而言,无论是国际法院的法官、国际仲裁庭的仲裁员还是联合国国际法委员会成员,当前也都未能针对"干净的手"原则的适用达成积极共识。综上所述,从"一般法律原则"形成的多方要素考察,"干净的手"都还无法达到国际法上"一般法律原则"的地位。

另一方面,"干净的手"原则通过实践的发展也存在逐渐演变为一般法律原则的态势,其在投资实践中开始展示出越来越广泛的接受和事实上的约束力。虽然"干净的手"原则在当前国际投资仲裁领域的适用中还存在大量关于其定性和法律约束力的争议,但该原则仍然被东道国广泛援引。"存在即合理"这一命题并不当然成立,然而不可忽视它在丰富东道国抗辩理论依据、追求实质公平方面发挥的有效作用,因此该原则也受到了各仲裁庭的广泛关注和认真对待。在当前国际投资仲裁实践中,也有不少仲裁庭回避其能否作为国际法一般原则的问题,而接受了该原则在国际法上的存在。② 我们不可忽视该原则在事实上发挥着法律约束力的理由包括:其一,"干净的手"原则通过具有法律生命线之称的实践发挥事实上的约束力。法律的生命在于实践,而非逻辑。"干净的手"原则当前虽然存在法律地位的争议,但倘若被东道国不断援引且受到仲裁庭的广泛承认,也不应排除其可能依赖既定裁决的不断丰富,进而在国际投资仲裁领域中发展成为公认法律原则的可能性。

---

① 例如在尤科斯系列案件中,仲裁庭均以"干净的手"未能获得国际共识为由,拒绝承认该原则在国际法中作为一般法律原则的地位,从而不予适用;但是尼可资源公司诉孟加拉国案和丘吉尔矿业公司诉印度尼西亚案中尽管没有采纳"干净的手"原则,但是都承认了该原则在国际层面上存在的事实,即使其法律地位和形态都尚存争议。

② 除了尼可资源公司诉孟加拉国案和丘吉尔矿业公司诉印度尼西亚案中承认该原则在国际层面上存在的事实,黑沙姆诉印度尼西亚案仲裁庭支持了东道国基于"干净的手"原则对投资者进行的主张。嘉能可金融公司诉玻利维亚案虽尚未结案,但仲裁庭在签发的第二号程序命令中不仅接受了"干净的手"原则,且认为应当全面考虑其适用范围与标准。

其二，以"准先例"方式对投资仲裁中的在后仲裁发挥说服力，甚至事实上的约束力。虽然国际投资仲裁庭之间独立需要进行裁决，没有"遵循先例"强制要求，仲裁庭援引造法的合法性也存在巨大争议，但是无论是否赞成先例造法具有合法性，援引先例造法已经成为一种事实性的存在。在国际投资仲裁领域，第一个提及"先例"这个术语是安姆科公司诉印度尼西亚案（Amco Asia Corporation and Others v. Republic of Indonesia）①，该案分析了先例的约束力及作用，自该案之后，援引先例的情形在投资仲裁实践中越来越多。②"干净的手"原则在国际投资仲裁领域频繁出现，即使当前就其法律地位问题尚未形成统一共识，以往既裁裁决的判定对后续裁决也无法产生强制拘束力，但若该原则能够在纠纷解决中起到积极作用，作为有效救济的手段，也不可忽视该原则可能逐渐得到各国的普遍承认与接受，并发挥"事实上的效力"。在黑沙姆诉印度尼西亚（Hesham T. M. Al Warraq v. Republic of Indonesia）③等案件中，仲裁庭就援引"干净的手"原则对裁决理由予以强化，认可了"干净的手"原则，支持了东道国基于"干净的手"原则对投资者进行的主张。

习近平主席强调要坚持统筹推进国内法治和涉外法治，推动全球治理变革，推动构建人类命运共同体。当今世界正处于百年未有之大变局中，随着新兴经济体和发展中国家群体性崛起，过去以西方为主导制定的国际规则难以完全适应当前的发展变化。中国作为负责任的大国，秉承共商共建共享的理念，需要积极发扬中国优秀传统文化的精华，为全球治理贡献中国智慧。"干净的手"原则尚未作为"一般法律原则"为国际社会普遍承认，但其事实上的效力不可忽视，作为"形成中"的国际法，这对我国积极参与国际投资仲裁制度改革，推动国际投资法发展完善具有重要意义。

三、"干净的手"塑造高质量"廉洁之路"

在推动形成全面开放新格局的过程中，我国始终扮演着资本输入国和资本输出国的双重角色。因此，强化法治思维推进"廉洁之路"建设，也需要从"引进来""走出去"双重角度考察。一方面，作为"一带一路"的重要站点，我国始终坚持实施更高层次的对外开放，作为资本输入国，我国积极吸引外资、打

---

① Amco Asia Corporation and Others v. Republic of Indonesia.

② 刘笋：《论国际投资仲裁中的先例援引造法》，载《政法论坛》2020 年第 5 期。

③ Hesham T. M. Al Warraq v. Republic of Indonesia.

造有力平台,为实现更好地"引进来",可以充分利用"干净的手"原则,以维护公平正义,在着力优化营商环境、充分保护投资者利益时,实现对国内公共利益的坚决维护。另一方面,作为"一带一路"倡议的发起国,要推动"一带一路"建设行稳致远,作为资本输出国,我国始终坚持合作共赢的理念,为实现更好地"走出去",需要时时谨记"干净的手"原则,自觉遵守东道国法律法规,合规地开展海外业务,才能与东道国建立长期可持续发展的投资关系。

从资本输入国角度而言,我国作为东道国,在积极吸引外来投资的同时,保护本国公共利益不受损害是根本前提。只有正确认识"干净的手"原则,才能有效运用该原则,进一步为推动该原则的发展注入中国动力。首先,要求我们正确认识"干净的手"原则的国际法地位,不可忽视"干净的手"原则在国际投资仲裁领域的发展。虽然当前"干净的手"原则并未达到国际法一般法律原则的标准,但不可忽视正在或者将要给国际投资仲裁制度带来的影响,明确该原则的作用,并在必要的时候建立运用该原则的意识。

其次,当国际投资仲裁案件中,投资者出现不法或不当行为,我国需要援引"干净的手"原则以保护国家利益时,还需做好充分的抗辩准备,重视收集和保存与原则相关的证据。其证据要求证明东道国主张的救济必须与双方的争议之间存在直接且必然的联系。[①] 并且如果进入国际投资程序,东道国作为主张一方,负有举证责任。但在投资仲裁实践中,仲裁庭往往对"干净的手"原则的认定十分审慎,其要求的证据标准通常高于"一般盖然性标准"。[②] 这对东道国取证、存证等提出了更高的要求。

最后,需促进中国传统文化与"干净的手"原则间的良性互动,积极为国际投资仲裁规则发展贡献中国智慧。当前,国际仲裁制度的公正性常常受到发展中国家的质疑,认为该制度过于保护投资者利益,而忽视了东道国的正当诉求。"干净的手"原则是以追求裁判的"公平公正"作为根本目标的,在一定程度上,为东道国应对投资者违法或不当行为提供了一项有效的抗辩策略,对更多作为资本输入国的发展中国家而言,有重要意义。"干净的手"原则与中国

---

① 德林诉温切尔西伯爵案(Dering v. Earl of Winchelsea, 1787, 29 Eng.).

② 在南美银公司诉玻利维亚案(South American Silver Limited v. Bolivia)中,仲裁庭明确了东道国基于"干净的手"原则主张的投资者不法行为,应由东道国负有举证责任,且在举证标准上参考了隆佩特罗集团诉罗马尼亚案(The Rompetrol Group NV v. Romania)和利巴南科公司诉土耳其案(Libananco Holdings Co. Limited v. Republic of Turkey)的要求,即要求仲裁员不能基于"高度盖然性"而对不法行为的相关证据进行采信。

的传统正义文化有诸多契合，加强对"干净的手"原则与中国文化的融合，积极为国际投资仲裁规则发展贡献中国智慧，一方面可以有效维护中国作为投资东道国的整体利益；另一方面，在捍卫国际投资仲裁正义性的同时，也可以提高"一带一路"沿线各国对中国及中国文化的认同感。

从资本输出国角度而言，"一带一路"是开放之路，是共赢之路，需要坚持开放、绿色、廉洁的理念，在鼓励我国企业走出去的同时，也要重视对东道国利益的保护，才能推动对外开放继续往更大范围、更宽领域、更深层次的方向发展，促使我国企业走出国门，走得更广更远。

第一，企业自身在海外投资时应树立合规意识。从"干净的手"原则出发，企业的非法或非正当行为可能会导致其在东道国的整体权益难以得到保证，企业在进行对外投资时，需时刻保持守法意识，海外不是法外之地。企业对外投资需遵纪守法，保持与东道国、当地社群的良好关系，树立我国投资者在海外的良好形象，以维护对外投资的长久可持续发展。

第二，行业协会亦需发挥其纽带作用，协助政府指导和帮助企业提高合规能力。一方面，行业协会可向对外投资企业定期召开宣讲会。该宣讲会既可以向对外投资企业宣传在海外投资过程中遵守东道国法律的重要性，树立起守法意识；也能够及时向对外投资企业传达最新对外投资支持政策，为企业更加全面地了解相关政策提供帮助。

第三，行业协会可以帮助企业完善域外法法律查明解释体系。对东道国法律制度的不够了解，往往是导致对外投资企业出现违法行为的重要原因之一。由于"一带一路"沿线各国的法律体系具有不同的特点，不同于发达国家普遍对外实行高度自由化、便利化的投资规则，当前"一带一路"成员国还多以第三世界的发展中国家为主，国家官方语言多为非通用小语种，且这些国家国内法治透明度低，外国投资者较难准确理解一些相关的投资法律。建立海外法律数据库，完善法律解释体系等措施，组织专家和专门机构对相关法律进行解释、分析等措施，都可以有效帮助各相关主体快速获取、正确理解其所需法律信息。

第四，政府需要综合运用各种手段保护本国投资者的海外利益免受不法侵害。我国对海外投资的保护，目前更多着眼于扩大和完善双边或区域投资保护协定，而根据"干净的手"原则，无论投资者母国是否与东道国之间签订了投资保护协议，也无论该协议对本国投资者的保护程度如何，即便是东道国通过过度制裁侵害了投资者利益，只要是因投资者自身的违法或不当行为而导致的制裁，都有可能使得投资者无法得到国际投资仲裁的救济。扩大和完善双边或区域投资保护协定,把对海外投资的保护上升至国际条约的层面,固然是最有效且可靠的方式,但双边或区域投资保护协定磋商、谈判、修改及签订的过程都是漫长而艰辛的。当前迫在眉睫又能行之有效的是,在我国现有的国际投资保护框架下,政府通过灵活运用国内行政监督手段等方式,促进企业的廉洁性建设,以更好地保护我国企业"走出去"。

四、"干净的手"塑造廉洁之路

"廉洁之路"是新阶段高质量共建"一带一路"的题中之义,廉洁是"一带一路"建设的道德底线和法律红线,也是"一带一路"建设行稳致远的重要基础。"干净的手"原则,要求对外投资企业增强廉洁意识、自律意识和法制意识,并要求在各国间建立有效的合规监督机制,以规范投资经营行为,使合规经营、廉洁从业成为"一带一路"合作的主旋律。在"干净的手"原则下,重视投资廉洁性提升,既尊重与保持了对外投资企业与东道国之间的良好关系,也关系到海外投资的长期可持续发展。

"一带一路"是"双向"对外开放的,中国在其中扮演着资本输出国和资本输入国双重角色,这要求我们需要从"走出去"和"引进来"的双重维度来认识"干净的手"原则。要在正确认识、深入理解、合理运用"干净的手"原则的基础上,加强该原则与中国文化的融合,为完善国际治理规则贡献中国力量,以期将"一带一路"真正建设成更高质量的开放之路、发展之路、廉洁之路。

Legal Protection of Clean "Belt and Road" under the Vision of High-quality Co-construction

Zhang Chunliang　Wei Yingjie

Abstract:"CPC Central Committee's proposals for formulating the 14th Five-Year Plan for National Economic and Social Development and the Long-Range Objectives Through the Year 2035" clearly point out that promote the co-construction of high-quality development of the "Belt and Road". This positioning indicates that the co-construction of the "Belt and Road" has entered a new stage. Clean "Belt and Road" becomes one of the themes of high-quality co-construction in the new stage,which puts forward inevitable requirements for Chinese investors to go out with "high-level". The doctrine of "clean hands" is the fundamental basis for Chinese investors to make joint efforts to build the clean "Belt and Road". The doctrine of "clean hands" provides legal guarantee for the probity of the "Belt and Road" .On the one hand, it provides a foothold for clean "Belt and Road" in international law, and make it more widely accepted and supported by the international community; on the other hand, due to the vague construction of the "clean hands", China should actively participate in the reform and improvement of international rules. The doctrine of "clean hands" based on the dual-dimensions of investing country and host country, and provides a legal construction plan for our country's high-quality and clean "Belt and Road".

Key words: High-quality Co-construction; "Belt and Road"; Clean "Belt and Road"; Clean Hands Doctrine

"双循环"背景下货物多式联运一单制的推进路径研究[*]

王玫黎[**]　陈　悦[***]

摘要:由于国际上尚无已经生效的货物多式联运公约,我国国内立法级别不高,且不完善和滞后等原因,导致多式联运单证在实践中出现了诸多适用困境。"双循环"新发展格局的提出为货物多式联运的发展提供了新的契机,为实现货物多式联运的一单制,需首先以法律的形式解决多式联运单证的法律性质、明确它的法律功能以及完善电子单证的有关规则,于我国还需尽快完善货物多式联运的配套机制,发展本国的区块链技术,同时尽可能地与"一带一路"、陆海贸易新通道的沿线国家缔结货物多式联运的双边、多边协议,积极引领货物多式联运的国际立法,释放政治与经济的双重功能。

关键词:"双循环";货物多式联运;一单制;推进路径

引　言

2020年5月我国两会首次提出了"构建国内国际双循环相互促进的新发展格局",此后8月,习近平同志进一步将其阐述为"逐步推动形成以国内大循环为主体、国内国际双循环相互促进的新发展格局"[①],并于2020年11月在

* 本文系2019年重庆市教委项目"人工智能对国际法的挑战与应对"(19SKGH016)、2020年重庆市教委科技项目"陆海贸易新通道背景下货物多式联运法律保障体系研究"(KJZD-K202000302)的阶段性成果。

** 王玫黎,西南政法大学国际法学院教授、博士生导师。

*** 陈悦,西南政法大学国际法学院博士研究生。

① 董志勇、李成明:《国内国际双循环新发展格局:历史渊源、逻辑阐释与政策导向》,载《中共中央党校(国际行政学院)学报》2020年第5期。

十九届五中全会中正式将这一发展目标写入《中共中央关于制定国民经济和社会发展第十四个五年规划和二〇三五年远景目标的建议》。至此,新发展格局已成为我国经济发展的重要指示,将直接引导我国未来经济的前进方向。新发展格局是我国以习近平同志为核心的党中央在面对近年来持续不断的"中国威胁论"且历经中美贸易战尤其是新冠肺炎疫情后,在新的国际经济形势下对本国经济体系的及时调整,"以国内大循环为主体"意在改变我国传统的以外向型经济为导向的发展模式,提升国内经济在国际市场上的应变能力,只有强大独立的国内循环才能保证我国在风云变幻的国际经济局势中站稳脚跟,立于不败之地,从而形成国内国际双循环相互促进的良好局面。与此同时,"双循环"的提出也为货物多式联运的发展带来了新的机遇,因为无论是国内循环的扩大还是国际循环的提升,都离不开物流体系的完善升级,而多式联运便是物流体系转型升级中的重要依托。目前我国的货物多式联运虽然已经基本实现了使用两种及以上的运输方式,但相比货物多式联运的高级形态——多式联运的一单制还有一定的距离,因此有必要在此阶段梳理货物多式联运一单制发展的现状,理清多式联运一单制在实施中可能或已经遭遇的法律困境,并以期通过本文的研究为我国货物多式联运一单制的推进提供参考及指南。

一、货物多式联运一单制的内涵

当前,国际货物运输主要有两种形式,一种受单独的货物运输规则调整,单以某一种运输方式进行,如海运、铁路或航空;一种受多式联运规则的调整,由两种及以上且不同的运输方式组成,如海铁联运、海空联运,或者由单一运输方式加其他的运输方式组成,如海运+其他,只是这种情况下的多式联运合同会优先受到海商法中有关规定的调整。传统的单式运输已经越来越难以满足经济全球化不断深化后的世界物流体系,尤其是集装箱运输的发展,更加凸显了"门到门""站到站"的多式联运运输方式的必要性,多式联运一单制是多式联运运输单证的突出特征,集中体现了多式联运的"联"核心,即客户只需填写一次运输单据,便可实现"一人到底、一单到底、一箱到底、一签到底、一检到底"[1]的全程便捷化物流体验。从欧美国家的实践经验来看,发展多式联运运

---

① 李波:《多式联运助推国内经济大循环》,载《中国水运报》2020 年 8 月 26 日第 7 版。

输能减少一半以上的高速公路拥堵,提高约 1/3 的运输效率和节约 20％的运输成本[①],在集约资源和解决交通拥堵、践行绿色低碳交通出行方面具有积极意义。

二、货物多式联运一单制实践的法律困境

(一)货物多式联运单证的法律效力界定

货物多式联运单证的发展经历了漫长的历史时期,它最早出现在 1973 年由国际商会制定的《多式联运单证统一规则》中,被表述为"证明履行货物多式联运和(或)实现履行货物联运合同的一种单证"[②],1975 年,国际商会在最新制定的《联合运输单证统一规则》中对多式联运单证的定义进行了一个小幅度的修改[③],直到 1980 年,《联合国国际货物多式联运公约》(以下简称《多式联运公约》)的出现,才第一次以法律形式明确了货物多式联运单证的法律范畴[④],与此前国际商会的两次定义相比,《多式联运公约》增加了多式联运单证交接货物的作用,更加凸显了它的法律功能。最近一次对多式联运单证的界定则是在 1991 年,由联合国贸易和发展会议、国际商会共同商定的《多式联运单证规则》再一次阐述了对多式联运单据的认识[⑤],但笔者认为 1991 年的单证规则仍然延续了 1973 年和 1975 年单证规则中对多式联运单证的界定,只是在前者的基础上进一步引入了电子单证这一新的单证形式而已,与《多式联运公约》的定义相比,前者依然更加侧重与多式联运合同的联系和当事各方的交易行为,当然这也符合不同文件本身的性质。《多式联运公约》为国际公约,一旦生效应当是具有法律约束力的,效力范围将及于所有的缔约国,因此对多

---

① 沈冰、沈忠刚、张锦黎:《我国多式联运"一单制"模式构建研究》,载《现代化物流》2018 年第 5 期。

② 具体参见,1973 年《多式联运单证统一规则》第 2 条第 c 款。

③ 1975 年国际商会制定的《联合运输单证统一规则》第 2 条第 c 款将多式联运运输单证定义为"证明从事货物联运工作和(或)组织货物联运工作合同的一种单证"。

④ 1980 年《货物多式联运公约》第 1 条第 4 款规定:"多式联运单证是指证明多式联运合同和多式联运经营人接管货物并保证按照该合同条款交付货物的单证。"

⑤ 1991 年《多式联运单证规则》第 2 条第 6 款将多式联运单证表述为"证明多式联运合同的单证,该单证可以在适用法律的允许下,以电子数据交换信息取代,而且以可转让方式签发,或者表明记名收货人,以不可转让方式签发"。

式联运单证的界定也会优先考虑它的法律性质、法律功能，而三个单证规则主要是由国际组织牵头制定的，即使是在实践中被广泛使用的1991年单证规则也是交由当事各方自由选择是否适用，它对任何国家、任何人不具有当然的法律约束力，按其性质应属国际惯例，它对多式联运单证的界定也就符合对交易行为、交易习惯的描述。

此外，货物多式联运在单个的货物运输规则中也有所体现，表现为单式运输对其他运输方式的吸收，比如上文提到的"海运＋其他"运输模式，根据《鹿特丹规则》的第1条第1款①规定，包含了国际海上运输区段在内的货物多式联运合同也受该规则的调整，在铁路运输规则中，《国际铁路货物运输公约》也将作为铁路运输辅助方式的道路运输、内河运输、海运等运输方式包含在了公约的管辖范围内②，同样在《蒙特利尔公约》和《华沙公约》中，也能找到包含了其他运输方式在内的可适用条款，只是在空运规则中它有着更加严格的适用条件。③ 尽管上述的单式运输规则都没有对货物多式联运单证的规定，但可以推断此种情景下的单式运输单证可等同于多式联运运输单证，因为无论是《多式联运公约》还是上述单式运输规则中对其他运输方式的吸收，其核心都在于调整一次货物运输中不同运输方式之间可能产生的矛盾与冲突，以及尽量平衡受不同运输制度约束的当事各方的合法利益，这也正是货物多式联运一单制的重要意义体现。

综上，货物多式联运一单制不仅在货物多式联运自身的发展中一直保持着前进的活力，同时也在各个单式运输规则中得到了不同程度的显现，也说明它是经过实践检验后仍具有生命力的事物，在未来还有很大的适用空间。而当前货物多式联运的一单制并未实现，一方面尽管各个单式运输规则都包含

---

① 《鹿特丹规则》第1条第1款将运输合同定义为："承运人收取运费，保证全部或部分经海路将货物从一地运至另一地的合同。"

② 黄力华、帅馨：《中欧班列签发多式联运提单之法律瑕疵分析》，载《西南石油大学学报（社会科学版）》2018年第3期。

③ 《蒙特利尔公约》第38(1)条："部分采用航空运输，部分采用其他运输方式履行的联合运输，本公约的规定应当只适用于符合第一条规定的航空运输部分，但是第十八条第四款另有规定的除外。"《蒙特利尔公约》第18(4)条："除非有其他证据，与装卸和转运相关的其他运输方式所从事的运输区段视为空运，且承运人未经发货人同意采取的其他运输方式也视为空运，受公约管辖。"《华沙公约》第31(1)条："对于一部分用航空运输，一部分用其他运输方式联合办理的运输，本公约的规定只适用于符合第一条条件的航空运输部分。"

了可能存在的联合运输情况,但它们使用的依然是单式运输单证,另一方面直接规定了多式联运单证的《多式联运公约》还尚未生效,因此承运人签发的多式联运单证并不当然的具备法律效力,实践中有效的多式联运单证也主要来源于当事各方在运输合同中对多式联运单证规则的选择适用,反之"一单到底"的运输目的便难以实现,可以说多式联运单证的法律效力问题成为了多式联运一单制实现的最大掣肘。

(二)货物多式联运单证的法律功能辨析——与海运提单的比较

从我国《海商法》第 71 条[①]对海运提单的定义来看,海运提单至少应具有以下几方面的作用:首先,海运提单应是海上货物运输合同存在的证明,但又不是海上货物运输合同本身;其次,海运提单应是承运人签发的已接收货物或者货物已装船的证明,以及承运人交付货物的凭证,在这种情况下由于承运人可以提出相反的证据来证明提单与实际不符,因此在托运人和承运人之间提单仅具有初步证据的功能,但在承运人与善意的收货人之间提单则是收货人要求承运人按照提单内容如实放货的绝对证据,因为善意的收货人在收到货物之前是无法直观地察觉到货物的具体情况的,这种做法与民法典中对善意第三人的保护具有一致性;[②]最后海运提单还具有可流通性,也就是可转让提单的物权凭证效力,这一点在海事实践中得到了大量的适用,但提单究竟是否具有物权凭证效力在学理中的争议还是比较大的。实践中可转让提单的物权凭证效力使提单在各类的跨境货物运输中拥有最核心的竞争力,使用频率非常高,因为可转让提单的物权效力代表着提单就是货物的象征,卖方可以凭单要求买方支付货款,买方可以凭单要求承运人放货,同时以提单做担保也能大大降低银行提前支付货款的风险,最重要的是在货物的运输途中也可以实现货物的流转,提单的转让也就意味着运输货物权利人的转换,这一点对于长时间的海上货物运输十分重要,它能大大地促进国际贸易的发展和便利当事各方的交易,尤其是在航海技术并不发达的过去。

我国《海商法》对海运提单的规定与《多式联运公约》中多式联运单证的规定十分相似,在运输方式上两者也有很多的相同点,比如两种运输都是主要通过集装箱的形式来实现长时间的远距离运输,多式联运可以被看作是海上集

---

① 我国《海商法》第 71 条:"提单,是指用以证明海上货物运输合同和货物已经由承运人接收或者装船,以及承运人保证据以交付货物的单证。"

② 司玉琢:《海商法》,法律出版社 2018 年版,第 105 页。

装箱运输向陆上拓展过程中形成的更高级别的交通运输形式,因此海运提单的法律功能是可以对多式联运单证的法律作用提供一定参考的。同时,虽然目前还没有可以对多式联运产生直接约束力的国际公约,但有关的公约和商事惯例依然可以为我们甄别多式联运单证的功能作用提供镜鉴,于是结合货物多式联运的3个单证规则和《多式联运公约》中对单证的定义来看,可以肯定的是多式联运单证拥有与海运提单一样的证明能力和证据效力,同时1991年的联运单证规则排除了不可转让多式联运单证的物权凭证作用[①],剩下可转让的多式联运单证能否享有物权凭证的功能并不明确。一方面,本身多式联运单证的适用就依赖当事各方的自由选择,那么根据物权法定的原则,多式联运单证就不应享有物权凭证的功能,而多式联运单据的物权凭证作用又能否被认为是国际惯例从而得到普遍的遵守呢?对此不同学者莫衷一是,尚未得到普遍的认可。另一方面,如果赋予多式联运单证以物权效力,那么多式联运经营人在不同运输区段分别订立运输合同时又有可能出现单式运输单证的非物权性与多式联运单证物权性之间的矛盾,从而引发更多的争议。可若多式联运单证不具有物权性,多式联运一单制的实现就会受到很大的限制,不仅会阻碍国际贸易的发展,也与当前国际运输发展的趋势不符,因此在未来多式联运一单制的推进中明确多式联运单证的物权性是十分必要的。

(三)货物多式联运电子单证规则的瑕疵

货物多式联运作为一种更高级别的货物运输组织形式,能够充分发挥不同运输形式在一次综合运输中的集体优势,从而最大限度地提高运输效率和降低经济成本。随着互联网时代的发展,多式联运的电子单证相比传统的纸质单证来说在解决无单放货、遏制单证欺诈等方面的优势日益凸显,因此电子单证从开始提出到普遍使用已经成为全行业的趋势。《多式联运公约》和1991年单证规则都分别对多式联运电子单证的效力予以认可,只是相比《鹿特丹规则》对海上货物运输中电子单证的规定而言,前者还未能对传统纸质单证到电子单证的类型识别、功能转化作精细化的处理,导致当前多式联运电子

[①] 1991年《多式联运单证规则》第4条第3款d项规定:"多式联运单证以不可转让方式签发,多式联运经营人交付货物时,应凭单证上记名的收货人的身份证明向其交付货物。"

单证的使用和功能发挥都在一定程度上受到了限制。[①] 主要表现在:首先,《鹿特丹规则》以明确的条文保证了电子单证拥有与传统纸质单证一样的证明能力和证据效力,以及一定条件下可转让电子单证流转的合法性;其次,《鹿特丹规则》又对电子单证的"签发"和"转让"作了特殊的规定,使之符合纸质单证对签发和转让的要求,同时还首创性赋予了可转让电子单证的"专属控制权"[②],亦即电子单证的持有人对该单据具有独占性与排他性的绝对控制权[②],辅之以《鹿特丹规则》中电子单证与纸质单证同等效力的规定,可知《鹿特丹规则》下电子单证的物权性得以明确,实现了两者在功能发挥上的自洽化;最后,《鹿特丹规则》还规定当事方只能在电子单证与纸质单证之间择一使用,避免了纸质单证与电子单证规定可能出现不一致的情况,维护了提单权利稳定与法之安定性的特征。

总之,与多式联运电子单证的规则相比,《鹿特丹规则》对电子单证的属性、特征、功能和具体履约行为等方面都有了更细致的规定,更容易在实践中发挥出自身的价值,且随着互联网在物流领域的蔓延,对电子单证的要求只会更具体,也更深入,因此完善多式联运的电子单证制度对多式联运的一单制推进也具有重要意义。

三、"双循环"背景下我国货物多式联运一单制的推进

(一)"双循环"背景下我国推进货物多式联运一单制的重要意义

多式联运的发展与一国的经济体量有着密切关系,以国内大循环为主体的"双循环"新发展格局为我国货物多式联运的发展注入了新的活力,它将带动货物运输市场的增量需求推动多式联运一单制的持续前进,对盘活国内经济,实现现代化的交通运输体系有着重要作用;此外,多式联运只用一张单据记载全程物流信息的行为高效、集约,无论是在国内大循环中还是在国际大循环中,它都有利于减少货物运输过程中的商事摩擦,提高纠纷解决的效率和促

---

① 《多式联运公约》第 1 条第 10 款规定:"书面"包括"电报或电传"。1991 年《多式联运单证规则》第 2 条第 6 款规定:"多式联运单证在法律允许的情况下可以被电子数据信息替代。"

② 冼婧晗:《论"一带一路"多式联运一单制构建的法律可行性》,载《大连海事大学学报(社会科学版)》2020 年第 5 期。

进商事贸易的实现,更重要的是,多式联运一单制的实现还是我国营商环境向好的重要表现,对我国企业走出去参与国际竞争、实现我国法律的域外适用有着更加深远的意义。

(二)我国多式联运一单制的现状及完善路径

1.在推动国际货物多式联运的一单制中贡献中国力量

我国作为仅次于美国的世界第二大经济大国,近年来随着"一带一路"国家倡议和陆海贸易新通道等国家顶层规划的陆续出台,我国的进出口贸易尤其是出口贸易再一次实现了质的飞跃,也衍生出我国对国际货物运输的更大需求和更高要求。国际货物多式联运一单制的实现对我国有着诸多裨益,作为直接的受益者,我国也应该在推进货物多式联运一单制的实现中发挥更大的作用,贡献自己的力量。基于《多式联运公约》尚未生效,多式联运单证规则又仅凭当事各方选择适用的现状,一方面我国可以结合目前公约和单证规则尚有的不足在推动公约和单证规则的修改方面作出努力,并应尽快使修改后的国际公约生效,只有这样才能实现多式联运单证的使用合乎于情、合乎于法;另一方面,我国也可以通过对单式运输规则的创新迂回地发展多式联运规则,典型例证就是我国自贸区对国际铁路运输提单的创新,通过人为赋予铁路提单以物权性能大大地提高国际货物运输的便利性和解除当事方的融资困境,相信当各个单式运输单证都拥有物权性质和完善的电子单证规则后,多式联运一单制的物权性和电子单证规则瑕疵也能顺利地得到解决,在未来我国可通过推广铁路提单在更多国家和更多区域的采用为多式联运公约的达成提供前期基础。与此同时,我国还应借势"一带一路"和国际陆海新通道的政策效应,积极与沿线国家缔结货物多式联运的双边、多边协定,或者是缔结区域的多式联运框架协议,释放政治与经济的双重功能,这些国家占据着我国进出口贸易的大部分,会比其他国家有更强烈的意愿与我国签订多式联运的国家协议,为跨境货物多式联运设置法律指引。

2.完善多式联运立法,使多式联运一单制有法可依

多年来我国一直十分重视货物多式联运的发展,"一带一路"倡议中,多式联运的有机衔接被认为是实现基础设施互联互通的重要内容,陆海贸易新通道则进一步打开了我国中西部地区货物多式联运的市场,2016年国家发改委首次提出发展物流行业的全程"一单制",实现货物的"一站托运、一次收费、一次认证、一单到底",2017年以来以交通运输部为首的国家多个部委先后就加快促进多式联运一单制的实现出台了《交通运输行业加快推进多式联运发展

的重点任务安排》《货物多式联运术语》《多式联运运载单元标识》等多个政府部门规章,并拟定在全国范围内建设超过 30 个物流枢纽中心,全面实践多式联运的"一单制",同时目前商务部正在牵头商议制定符合我国国情的多式联运单证规则,不期将以更好的方式为多式联运一单制的实现添砖加瓦。然而,梳理我国现有的法律制度会发现我国对货物多式联运的法律规制并不存在专门的国内立法,而是大致散落于《海商法》《合同法》等有关条文中,主要涉及多式联运运输合同的处理,其他则主要来源于部门法规章或其他单式运输规则中的有关规定,可以想见我国关于多式联运的法治规则级别不高,且不完善和滞后,与我国当前的国情已经严重脱钩。

如今,在国内国际双循环的新发展格局下,一方面我国亟须完善货物多式联运的国内立法,明确货物多式联运的含义,确定多式联运单证的法律性质、法律功能,为多式联运主体的权利义务、多方协调和纠纷解决等奠定法治基础,逐步用法律的框架去除国家行政的桎梏。就本文的研究内容而言,笔者认为在尚无生效的国际公约直接约束国际货物多式联运的情况下,我国出台货物多式联运法既能为多式联运单证寻求到法治中的合法性,更能为我国企业在缔结运输合同时提供可选择的法律适用,我国的跨境贸易吞吐量已经跃居世界前列,我国的相关立法也只有紧跟其上才可能实现国内法域外适用的达成。另外,在多式联运的立法中我国除了确认多式联运单证是货物运输合同的证明以及多式联运经营人接收/交付货物的凭证外,还可考虑直接赋予多式联运单证物权凭证的法律功能,基于国际货物多式联运与海上货物运输的诸多相似性,以及我国自贸区对铁路提单的创新适用,说明提单的物权性是在实践中产生的迫切需求,也是未来国际货物运输发展的重要趋势,法律本身的稳固性要求立法者在制定法律时应具有一定的前瞻性,才不至于法律才通过就需要修改。最后,随着物联网的深入发展,和跨境通关的便利化需求,多式联运电子单证很可能在未来有取代纸质单证之势,因此我国的多式联运立法还应借鉴《鹿特丹规则》对海运电子单证的有关规定,形成关于多式联运电子单证的法律规则,提前预防电子单证在实践中可能出现的适用困难。

3.加快发展区块链技术,为多式联运电子单证的推广提供技术支撑

区块链技术是指以时间为单位的区块数据相连,并结合了密码学、点对点网络通信和智能合约等前沿技术共同开发形成的分布式共享账本。[①] 在区块

---

① 吉雅倩:《基于区块链的多式联运电子"一单制"关键问题研究》,北京交通大学 2019 年硕士学位论文。

链技术与货物多式联运的结合中,前者通过在港口、物流中心、海关等多个关键地点设置不同节点实现信息的登记、互传、维护和存储,使多式联运的不同主体都能即刻了解货物运输的整体情况,并保护运输过程中的联运数据,尤其是用户的信息和货物的交易信息,与现在集装箱货物运输采用的电子 EDI 系统相比,以区块链技术作支撑的多式联运用户的交易信息、信息修改会在多个节点得到共同监督,并在各个阶段被有效记载,全程物流信息公开透明、共享程度高,在安全性、公信力、效率性和信息化四个维度上都比后者更有优势,因此在物流行业的前景无量。目前世界各国都在加快发展本国的区块链技术,并积极推进区块链在国际经济活动中的应用,我国也应牢牢把握这一契机,不断将成熟的区块链技术投入到货物的多式联运中使用,也就是用技术的手段去解决多式联运电子单证一单制中存在的技术问题,除此之外,我国在区块链这一新兴技术方面的立法也不完善,在实际情况中还应时刻警惕可能出现的法律风险和经济风险。

4.完善国内基础设施建设,消除"最后一公里"和"中间一公里"

法律的完善是发展多式联运一单制的重要保障,有了它才符合党的十八届四中全会提出的"全面依法治国"的总目标,可是多式联运一单制的实现并不仅仅是国家法律的制定和实施,它还取决于货物运输过程中的方方面面,首先在我国货物的多式联运中基础设施建设还有待完善,不少港口未能实现与铁路、物流中心的直接接轨,使得货物运输的"最后一公里"和"中间一公里"消耗了不少运输成本;其次我国不同运输方式之间的融合度还不够,公路、铁路、水路等单式运输的规则和联运标准各异,给多式联运经营人增添了许多不必要的麻烦,我国应尽快完善多式联运的联运标准和单证标准体系,通过标准先行试点、修缮,再全国推广的方式推进多式联运一单制的运用;最后,尝试建立由运输部门、物流企业、多式联运经营人等在内的多式联运联合办公室,搭建多式联运的信息共享平台和运输协调机制,集中解决多式联运中的运输问题,为多式联运一单制的发展扫除障碍、疏通拥堵。

结　语

货物多式联运一单制作为一种高级别的货物组织运输形式,只需一张单据便可调整一次货物运输中不同运输方式之间可能产生的矛盾与冲突,平衡受不同运输制度约束的当事各方的合法利益,能有效提高货物运输的效率和促进商事贸易的扩大。在"双循环"的背景下,一单制的推进还是实现我国物流体系升级转型,构建现代综合交通运输的重要抓手,也是我国企业走出去参与国际大循环关键环节,同时还将引发对多式联运运输规则的更多深思,促进多式联运责任制度的进一步调整,反过来又为国内国际大循环提供有力支撑。

Research on the Advancement Path of One-order System of Multimodal Cargo Transportation under the Background of "Double Circulation"

Wang Meili　Chen Yue

Abstract：As there is no international convention on multimodal transportation of goods that has come into effect，the domestic legislation of our country is not high，and due to imperfect and lagging reasons，there are many difficulties in the application of multimodal transportation documents in practice.The proposal of the new development pattern of "double cycle" provides a new opportunity for the development of multimodal cargo transportation. In order to realize the one-order system of multimodal cargo transportation，it is necessary to first resolve the legal nature of multimodal transportation documents，clarify its legal functions，and improve the related aspects of electronic documents in a legal form，China still needs to improve the supporting mechanism of multimodal transportation of goods，develop its own blockchain technology as soon as possible，and at the same time，China needs to conduce bilateral or multilateral agreements on multimodal tiansporation of goods with countries along the "Blet and Road" and new land-sea trade routes. Countries along the route have concluded bilateral and multilateral agreements on multimodal transportation of goods，actively leading international legislation on multimodal transportation of goods，and releasing the dual functions of politics and economy.

Kcy words："Double Circulation"；Multimodal Cargo Transportation；One Single System；Advancing Path

《区域全面经济伙伴关系协定》对数字贸易的规制研究[*]

陈咏梅[**]　伍聪聪[***]

摘要：在新冠肺炎疫情全球蔓延的背景下,《区域全面经济伙伴关系协定(RCEP)》的签署是我国在习近平新时代中国特色社会主义思想指引下实施自由贸易区战略取得的重大进展。RCEP 不但对电子传输免征关税作出了规定,还是中国首次纳入数据流动、信息存储规定的自贸协定。RCEP 对数字贸易便利化和数字贸易营商环境的规制是其对数字贸易规制的核心。随着RCEP 的签署及其后续的生效,中国有必要对标 RCEP,落实国内对数字贸易的规制,与此同时,展望未来加入《全面与进步跨太平洋伙伴关系协定(CPTPP)》的谈判,中国还有必要对标 CPTPP,进一步对数字贸易的全球规制进行预判,并为构建 FTAAP 的数字贸易规则贡献中国智慧。

关键词：RCEP；电子商务/数字贸易；CPTPP；CETA；JEEPA

一、问题的提出

随着通信技术的发展,互联网、云计算、3D 打印、区块链及人工智能等数字化技术的广泛应用正改变着国际贸易方式和手段,原有的以货物、服务和投资自由化为基础的双边、区域和多边贸易体制已不足以回应新型国际贸易模式。经济数字化需要贸易规则的变革,以更好适应并促进各国经济发展。

当前,全球数字贸易规则的制定呈现多元化态势。首先,WTO 各成员正

---

　*　本文系国家社科基金项目"《跨太平洋伙伴关系协定》创新及中国应对研究"(16XFX023)的研究成果。

　**　陈咏梅,西南政法大学国际法学院教授。

　***　伍聪聪,西南政法大学国际法学院博士研究生。

在努力制定一套涵盖电子商务/数字贸易诸多方面的规则。其次,由于WTO各成员在数字贸易治理上的立场差异,且WTO框架下的电子商务/数字贸易谈判进展缓慢,迫使众多WTO成员已将数字贸易规则纳入双边或区域自由贸易协定安排。例如,《全面与进步跨太平洋伙伴关系协定(CPTPP)》、欧盟与加拿大《全面经济贸易协定(CETA)》、《欧盟与日本经济伙伴关系协定(JEEPA)》等都针对数字贸易相关问题构建了"电子商务"章。

在新冠肺炎疫情全球大流行的背景下,2020年11月15日,东盟、日本、中国等15个国家签署的RCEP无疑为饱受新冠肺炎疫情侵扰的国际贸易带来一丝曙光,有利于各缔约方经济及时从全球疫情中复苏。RCEP电子商务章是首次在亚太区域内达成的范围全面、水平较高的诸边电子商务规则成果。[1] 该章涵盖了丰富的促进电子商务使用和合作等相关内容,这些内容将为各方加强电子商务/数字贸易领域合作提供制度保障,有利于营造良好的电子商务/数字贸易发展环境,增强各方在电子商务/数字贸易领域的政策互信、规制互认和企业互通,将大大促进区域内电子商务/数字贸易的发展。RCEP的数字贸易规则极有可能成为中国参与其他FTA谈判的"标杆",因此,就RCEP对电子商务/数字贸易规制的深入研究具有积极的现实意义。

二、RCEP对数字贸易市场准入的规制

RCEP对数字贸易市场准入的规制主要包括对电子传输免征关税、禁止各方将计算设施设置在本地作为允许企业进入本国市场从事商业行为的前提条件以及允许商业电子信息的跨境流动。

(一)电子传输的海关关税

RCEP明确了维持对电子传输不征收关税的现行做法,以及不阻止缔约方按照RCEP的规定征收其他税费、费用或其他支出。当然,RCEP还作出了一些保留,如各缔约方可根据世贸组织部长会议就电子传输关税作出的任何进一步决定而调整上述规定所提及的征收关税的现行做法。[2]

---

① 商务部:《商务部国际司负责同志解读〈区域全面经济伙伴关系协定〉(RCEP)之三》,http://fta.mofcom.gov.cn/article/rcep/rcepjd/202011/43622_1.html,最后访问日期:2020年12月19日。

② RCEP,Article12.11.

我们将 RCEP 与同期其他国际经济合作协定中的同类数字贸易条款进行比较，可以更清晰地认知 RCEP 对数字贸易的市场准入规制。例如，CPTPP 在处理电子传输的关税问题上，沿用了之前美国 FTA 对电子传输免征关税的提法，但专门强调了对电子传输内容免征关税，以及不阻止缔约方以符合该协定的方式对电子传输的内容征收国内税、费用或其他收费。[①] 欧盟签订的经济合作协定规定不一，如 JEEPA 规定了不对电子传输征收关税，但未进一步规定如何处理国内税或其他费用、收费等问题。[②] 而 CETA 不但规定了各方不对电子传输征收关税、费用或收费，此外，为进一步明确，CETA 还规定不阻止一方对通过电子方式传输的交付品征收国内税或其他收费，只要其以符合该协定的方式征收。[③] 因此，与 CPTPP、JEEPA 和 CETA 相比，RCEP 重申了在世界贸易组织框架内已商定的部分，要求各方不对电子传输征收关税，虽未明确提及国内税，但与其他经济合作协定类似，规定了在符合协定规定方式的前提下，不阻碍各方对电子传输征收税费、费用或其他支出。

（二）信息存储和数据流动

在信息存储方面，RCEP 明确提出缔约方不得将要求使用该缔约方领土内的计算设施或者将设施置于该缔约方领土之内，作为在该缔约方领土内从事商业行为的条件。但是，如果缔约方作出的相关限制是为实现合法公共政策目标所必要且不构成任意或不合理的歧视或变相的贸易限制，或为保护其基本安全利益所必要的，则其他各方不得对此类措施提出异议。[④] 需要注意的是，RCEP 用注释的方式特别指出，就上述规定而言，各方认可实施此类合法公共政策的必要性由实施政策的缔约方自己决定，由此可见，尽管 RCEP 规定了计算设施的设置非强制本地化，但仍然为各缔约方保留了足够的政策空间，由其自己决定是否存在合法公共政策的必要性。

在数据流动方面，RCEP 要求一缔约方不得阻止为进行商业行为而通过电子方式跨境传输信息。与计算设施的位置相关条款内容相同，该条允许例外，即若某缔约方认为是实现其合法公共政策目标所必要的措施，且其所采取的措施不以构成任意或不合理的歧视或变相的贸易限制，或者该缔约方认为

---

① CPTPP，Article 14.3.
② JEEPA，Article 8.72.
③ CETA，Article 16.3.
④ RCEP，Article12.14.

其措施是对保护其基本安全利益所必要的,则可以获得豁免。① 同样,协定允许各缔约方自行决定实施此类合法公共政策的必要性。②

相较而言,CPTPP 对"计算设施的位置"和"通过电子方式跨境传输信息"也采用了"原则＋例外"的规定。首先,在原则层面,CPTPP 规定了信息传输原则和计算设施非强制本地化原则。其次,在例外层面,CPTPP 也采用了类似的表述,对上述两项原则设置了例外。也就是说上述原则性的规定并不妨碍缔约方采取或维持措施以实现其合理的公共政策目标,只要该措施:(1)不以构成任意或不合理歧视的方式实施,或对贸易构成变相限制;(2)对信息传输和对计算设施的使用或设置的限制不大于实现该目标所必需的限度。③ 不同于 RCEP 的是,CPTPP 并未规定由谁来决定合法公共政策的必要性。如若发生争端,此模糊性规定可能引发各自不同的主张。

RCEP 对商业信息跨境流动和计算设施非强制本地化的规定相较欧盟 CETA、JEEPA 而言,具有先进性。因为 CETA 和 JEEPA 在其电子商务章中,对跨境数据流动、数据存储问题均没有规定,JEEPA 声明在其生效三年后,将重新评估是否需要包括关于数据自由流动的条款,目前的协定尚未规定具有约束力的条款。④

但是,与 CPTPP 相比,RCEP 并不具有 CPTPP 最具代表性的几项数字贸易市场准入规制措施。⑤ 一是有关"源代码"的问题。CPTPP 要求任何缔约方不得强制要求转移或获得另一缔约方的人所拥有的软件源代码作为在其领土内进口、分销、销售或使用该软件及包含该软件产品的条件,但关键基础设施使用的软件除外。⑥ 另外,JEEPA 也对"源代码"进行了规制,规定一方不得要求他人转让或者获取另一方所拥有的软件源代码,但并不阻止在商业谈判的合同中包含或实施关于源代码的转让或获取的条款,或在政府采购中自愿转让或准许获取源代码。⑦ 源代码条款实际上是赋予企业对源代码绝对的控制权,防止政府任意要求企业转移源代码,保护企业的知识产权和创新。

---

① RCEP,Article12.15.

② RECP,Article12.15,footnote 14.

③ CPTPP,Article 14.13. CPTPP,Article 14.11.

④ JEEPA,Article 8.81.

⑤ Gao Henry,Digital or Trade? The Contrasting Approaches of China and US to Digital Trade,*Journal of International Economic Law*,2018,Vol.21,No.2,p.12.

⑥ CPTPP,Article 14.17.

⑦ JEEPA,Article 8.73.

二是有关"数字产品的非歧视性待遇",即要求任何缔约方给予另一缔约方领土内创造、生产、发布、承包、委托或首次基于商业条款提供的数字产品的待遇,或给予另一缔约方作者、表演者、制片人、开发者或所有者的数字产品的待遇,均不得低于其给予其他同类数字产品的待遇。① 欧盟对"数字产品的非歧视性待遇"条款持保守态度,迄今为止在其已签署协定的电子商务章中尚未支持这一条款。欧盟认为,既然已经在"投资"和"跨境服务贸易"中设立了国民待遇和最惠国待遇条款,则遵守相关部门的承诺即可,无须再单独设立类似条款。② 美国则是该类条款的主导国,在美国主导的其他双边协定中均有对此规定的体现,这主要是由于美国在数字贸易中占据绝对优势,该条款可以帮助美国企业克服开拓国际市场时遇到的壁垒。然而,对于其他缔约方而言,则可能面临来自美国信息产业的强力冲击。三是有关"访问和使用互联网的原则"③,这一规定为消费者提供了两种自由。第一,在互联网上自由使用自己选择的服务和应用程序;第二,可以将自己选择的设备自由连接互联网。要求各方确保访问和自由使用互联网的规定只出现在少量区域贸易协定中。④ 当然,这些条款采用了"软义务"的表述,如"缔约方认识到……(the Parties recognize...)",而没有采用"缔约方应当……(Each Party shall...)"。并且,这一规定的适用具有一定的前提条件,例如遵守合理网络管理、不得损害网络、受制于执法需要或者本国法律规定等。因此,我们可以理解为,缔约方已经认识到努力确保消费者能够不受阻碍地访问互联网和使用其选择的服务和产品的重要性,但对承担上述义务仍犹豫不决。以上三项规制措施在 RCEP 中没有体现。

三、RCEP 对数字贸易便利化的规制

为了促进贸易便利化,RCEP 提出了"无纸化贸易""电子认证和电子签名",以及与贸易便利化直接相关的国内监管要求。

---

① CPTPP,Article 14.4.

② 中国信息通信研究院互联网法律研究中心:《数字贸易的国际规则》,法律出版社2019 年版,第 78 页。

③ CPTPP,Article 14.10.

④ Australia-Singapore FTA,Article 14.2;Australia-Peru FTA,Article 13.10;Brazil-Chile FTA,Article 10.10 and Chile-Uruguay RTA,Article8.9.

(一)无纸化贸易

无纸化操作是以电子商务形式进行交易的主要特征,以电子计算机通信记录取代一系列的纸面交易文件。为了增强与贸易相关的电子文件的接受度和公开程度,RCEP指出,每一缔约方应努力接受以电子形式提交的贸易管理文件,其与纸质版贸易管理文件具有同等法律效力,努力使电子形式的贸易管理文件可公开获得,并通过包括与世界海关组织在内的国际组织商定、开展国际层面合作等方式实现该等目标。①

与CPTPP相比,除了上述规定外,RCEP还特别规定了加强双边或多边国际论坛的合作,以增强对以电子方式提交的贸易管理文件的接受度。②

(二)电子认证与电子签名

电子认证与电子签名是国际经贸协定中比较常见的一条规则,在RCEP、CPTPP、JEEPA中均有体现。该类规则主要包括四项内容:一是明确电子签名的法律效力;二是明确电子交易当事方有权共同决定认证方式;三是电子交易缔约方可以针对特定交易类型作出具体的约定;四是促进缔约国之间电子签名和认证的互认。③

上述前三项要求奠定了电子商务立法的几个核心原则,即非歧视、技术中立和技术特定。非歧视原则要求对电子签名采取与传统手写签名在法律上同等对待的态度,即电子签名不能仅因其以电子形式存在或欠缺书面要件而否认其效力;技术中立原则承认各种形态电子签名的合法性,而不对电子签名应采取的电子技术和手段提出具体要求,将技术方案的选择权交给各当事方;技术特定原则是指在立法中确定适用特定技术,只有使用这种技术的签名才有效力,鉴于该原则会提高交易成本,因此,RCEP、CPTPP和JEEPA均将其适用限定于特定类别的交易。

关于此类规则的第四项,电子认证缺乏互操作性是一个普遍现象,也是各缔约方面临的挑战,为此,RCEP、CPTPP引入相关规定,致力于促进缔约国之间电子认证与签名的互认。值得注意的是,CETA和JEEPA均未涉及电子签名与认证的互认问题。就此规定而言,RCEP先进于CETA和JEEPA。

---

① RCEP,Article 12.5.
② RCEP,Article 12.5.2.
③ RCEP,Article 12.6;CPTPP,Article 14.6;EPA,Article 8.77.

（三）与贸易便利化直接相关的国内监管

在与贸易便利化直接相关的国内监管方面，RCEP 要求各缔约方遵守联合国贸易法委员会《1996 年电子商务示范法》和 2005 年签订的《联合国关于在国际合同中使用电子通信的公约》，避免对电子交易施行不必要的监管负担。[①]

与 RCEP 相似，CPTPP、CETA 及 JEEPA 等国际经济合作协定均要求缔约各方在与电子商务有关的贸易便利化方面或政策目标方面维持国内法规，各协定的规定基本相似。另外，CPTPP 还要求各缔约方应努力促进利害相关人对其国内电子交易法律框架的发展作出贡献，但使用的语言是"应致力于"（shall endeavour to ）。[②] 因此，我们对该条款的可执行性不甚清楚。

四、RCEP 对数字贸易营商环境的规制

RECP 对数字贸易营商环境的规制，主要体现在各缔约方采取监管措施保护消费者权益，如为线上消费者提供保护、为电子商务用户的个人信息提供保护、针对非应邀商业电子信息加强监管等。与此同时，该协定从透明度、网络安全的国际合作等视角对各缔约方提供了指导性要求。

（一）在线消费者权益保护体现在以下三个方面

1.线上消费者保护

RCEP 从立法、监管及执法视角对线上消费者保护作出了规定。首先，从立法层面，RCEP 要求各缔约方应当采取或维持法律和法规，以防止欺诈性、误导性或欺骗性行为对从事在线商业活动的消费者造成伤害。其次，从监管层面，要求各缔约方负责消费者保护的主管部门应当在电子商务活动中展开合作。最后，在执法层面，要求缔约方应当发布其向电子商务用户提供的有关消费者保护的相关信息，包括消费者如何寻求救济，以及企业如何遵守法律要求。[③]

相较而言，CPTPP"线上消费者保护"则要求各方采取透明有效的措施，

---

① RCEP，Article 12.10.

② CPTPP，Article 14.5.2.

③ RCEP，Article 12.7.

保护消费者在进行电子交易时免受诈骗和商业欺诈行为侵害,并就跨境电子商务相关活动开展合作以保护消费者权益①,这与 RCEP 的规定类似。与 CPTPP 相比,RCEP 意识到没有救济的权利等于形同虚设,因此增加了让消费者了解其救济途径,以及让企业了解其可能违反的法律,由此,为消费者权益的保护提供了进一步的制度保障。

RCEP 对"线上消费者保护"的规定比 JEEPA、CETA 更完善。JEEPA 仅认识到各方采取的措施应透明,以及各方应提供有效的保障措施,这将有助于增强消费者对电子商务的信心;认识到需要就电子商务相关活动开展合作,以加强对消费者的保护;以及认识到保护电子商务用户个人资料的重要性②,但 JEEPA 并未对各方提出具体的约束性要求。CETA 则没有专门的线上消费者保护条款。

2.个人信息保护

近年来,许多区域经济组织积极推动个人信息保护规则的建设,试图制定统一的个人信息保护规则,并倡导区域内各成员根据区域规则制定本国的个人信息保护法,以提高区域法律的协调性,从而促进区域内的数字贸易发展。为此,RCEP 也制定了"线上个人信息保护"及"非应邀商业电子信息"条款。

RCEP 要求每一缔约方应当采取或维持保证电子商务用户个人信息受到保护的法律框架。RCEP 还要求各缔约方在制定保护个人信息的法律框架时,应当考虑相关国际组织或机构的国际标准、原则、指南和准则,并鼓励法人通过互联网等方式公布其与个人信息保护相关的政策和程序。RCEP 还要求各方在可能的范围内合作,以保护从一缔约方转移至另一缔约方的个人信息。与线上消费者保护的相关条款相同,RCEP 同样要求每一缔约方应当公布其向电子商务用户提供个人信息保护的相关信息,此相关信息包括两个方面,一是个人如何寻求救济,二是企业如何遵守法律要求。③

与 RCEP 相比,CPTPP 认识到缔约方在个人信息免遭侵害方面应努力采取非歧视做法。与此同时,CPTPP 认同各缔约方可能采取不同法律形式保护个人信息,但要求每一缔约方应努力建立某种机制以增强不同体制间的兼容。④ 此类机制可包括对监管结果的认可,无论该认可是自主给予还是通过

---

① CPTPP,Article 14.7.
② JEEPA,Article 8.78.
③ RCEP,Article 12.8.
④ CPTPP,Article 14.8.5.

共同安排，或是通过更广泛的国际框架。为此，缔约方应努力就其管辖区域内应用此类机制的信息开展交流，并探索扩大此类机制或其他合适安排的方法，增强兼容性。

RCEP 与 CPTPP 在对数字贸易"个人信息保护"中均提出，在建立相关法律框架的过程中，"应考虑相关国际机构的原则和指导方针"，但此类条款并未明确规定具体的参考方针和国际标准，具有模糊性。而在 JEEPA 的"个人信息保护"条款中，欧日两国均认可根据自己的法律法规采取或维持有效措施。[1] 欧盟从 2018 年 5 月起实施了被称为史上最严格的《通用数据保护条例》(General Data Protection Regulation，简称 GDPR)，原则上禁止将个人数据流出欧盟域外，除非域外国家被认为数据保护水平与欧盟相当。[2] 自 2017年 1 月 JEEPA 谈判重启以来，双方就一直针对既便利商业交流传输个人数据，又确保最高水平的数据保护进行对话，其目的是通过互惠的"充分性肯定"(adequacy decision)来沟通双方的数据保护水平，即通过评估从而判断对方提供的数据保护水平是否充分，若是，则作出"充分性肯定"。[3] 最终，在欧日签署 EPA 之前，双方结束了关于充分性的互惠谈判，同意承认彼此的数据保护系统"对等"，对己方的数据保护具有充分性。[4] 这一决定为 JEEPA 提供了很好的补充并将扩大该协定可能带来的效益。

3.非应邀商业电子信息

RCEP 主张，收取非应邀商业电子信息应获得接收人对于接收商业电子信息的同意，且要求非应邀商业电子信息提供者为接收人提升阻止接收此类信息的能力提供便利，要求各缔约方设置对未能遵守规定的提供者进行追索的方法。此外，RCEP 还要求各缔约方将非应邀商业电子信息降低到最低程度。同时，在监管方面，要求各缔约方在共同关切的事件中进行合作。[5]

相较而言，CPTPP 要求各缔约方采取措施共同抵制垃圾信息和邮件，将

---

[1] JEEPA，Article 8.78.3.

[2] Mattoo A. & Meltzer J.P., International data flows and privacy：The conflict and its resolution, *Journal of International Economic Law*，2019，Vol.21，No.4，p.770.

[3] European Commission，International data flows：Commission launches the adoption of its adequacy decision on Japan，Brussels，5 September 2018.

[4] European Commission，European Commission adopts adequacy decision on Japan，creating the world's largest area of safe data flows，Brussels，23 January 2019.

[5] RCEP，Article 12.9.

非应邀商业电子信息降至最低程度;对滥发非应邀商业电子信息提供方进行追索。[1] 由此可见,对于非应邀商业电子信息的规制,CPTPP 和 RCEP 基本相同。

欧盟在其所有协定的电子商务章中都有关于垃圾邮件的合作条款。[2] 值得注意的是,EEPA 在 RCEP 和 CPTPP 的基础上进一步规定,每一缔约方均须确保商业电子信息本身具有清晰的可辨识性,清楚地披露该信息由谁发出,并载有必要的资料,以便接收人可在任何时候要求停止发送该信息。[3] 由此可见,JEEPA 对非应邀商业电子信息的规制较 RCEP 和 CPTPP 更加精细。

(二)透明度

为更好塑造电子商务的有利环境,RCEP 在相关措施的透明度上提出要求,即要求每一缔约方尽快公布与协定第 12 章"电子商务"实施相关或影响该章实施的所有相关措施,如上述要求不可行,须以其他方式使公众获悉,包括在可行的情况下在互联网上公布。在相关缔约方就特定信息对另一缔约方提出请求时,RCEP 要求每一缔约方应当尽快答复另一缔约方的相关请求,只要这些信息是该缔约方与第 12 章实施相关或影响第 12 章适用的任何措施,则其有义务尽快答复。[4] RCEP 的这一要求可以使各缔约方更好地就相关信息进行沟通,为电子商务/数字贸易创造更有利的环境。

虽然透明度是国际经济合作协定的一般原则,但与 CPTPP、JEEPA、CETA 相比,RCEP 首次将透明度条款完整地纳入电子商务章。透明度是衡量数字贸易规则是否合法的重要因素,是数字贸易自由化的基础,可以说,没有透明度就没有真正的数字贸易自由化。

(三)网络安全和国际合作

在网络安全方面,RCEP 促使各缔约方认识到网络安全相关事项的重要性,主要体现在两个方面:一是各缔约方认识到负责应对计算机安全事项的各

---

① CPTPP,Article 14.14.

② Ines Willemyns,Agreement Forthcoming? A Comparison of EU,US,and Chinese RTAs in Times of Plurilateral E-Commerce Negotiations,*Journal of International Economic Law*,2020,Vol.23,No.1,p.232.

③ JEEPA,Article 8.79.2.

④ RCEP,Article 12.12.

主管部门能力建设的重要性,包括认识到通过交流最佳实践来提高各自主管部门能力建设的重要性;二是各缔约方利用现有合作机制,对与网络安全相关的事项开展合作。[1]

相较而言,CPTPP 关于网络安全的规定与 RCEP 基本相同,仅作了原则性规定而没有约束力。与之形成对比的是,各国近年来都非常关心网络安全,特别是伴随着信息通信技术不断发展,云计算、大数据、物联网等新业态层出不穷,加之"棱镜"事件、恐怖形势严峻等影响,各国纷纷制定网络安全相关法律、出台网络安全相关战略,从顶层设计视角,确立网络安全管理体制及关键信息基础设施保护、数据安全管理、信息安全管理等多项制度。

在国际合作方面,RCEP 要求各缔约方共同帮助中小企业参与电子商务/数字贸易;确定了各缔约方之间就后续电子商务方面的相关合作形式,以帮助缔约方实施或者加强其电子商务法律框架,积极参加地区和多边论坛,促进电子商务的发展,等等。[2]

相较而言,CPTPP 列出了会开展合作的领域:个人信息保护、在线消费者保护、非应邀商业电子信息、电子通信安全、电子认证、电子政务,鼓励各方在上述领域加强法规、政策、执行和遵守等方面的经验共享和信息交流,并鼓励私营企业制定包括行为准则、示范合同、指南和执行机制等自律措施。当然,CPTPP 也鼓励各方积极参与促进电子商务发展的区域性合作和多边合作。[3]

同样,JEEPA、CETA 也强调了电子商务的"合作"与"监管"。欧盟协定规定的主要合作和监管领域包括:(1)向公众签发的电子签名证书的承认及跨境认证服务的便利化;(2)中介服务提供商对信息的传输或存储负有的责任;(3)对来路不明的电子商务通信的处理;(4)电子商务领域消费者的保护;(5)与电子商务的发展相关的任何其他问题。此外还包括网络安全、中小型企业在使用电子商务方面面临的挑战、知识产权和电子政务。[4] 合作的方法是就条款中约定的以上事项制定法律以及将这些法律的执行情况以信息交换的形式进行交流。此外还鼓励缔约方积极参与多边论坛,合作促进数字贸易的发展。

由此可见,与 CPTPP、JEEPA、CETA 相比,RCEP 未列明具体的合作领

---

[1] RCEP,Article 12.13.

[2] RCEP,Article 12.4.

[3] CPTPP,Article 14.15.

[4] JEEPA,Article 8.80;CETA,Article 16.6.

域,对具体的合作事项具有模糊性,而美欧协定则列出了具体的合作领域和合作事项。

五、对中国规制数字贸易的建议

(一)对标 RCEP

RCEP 的建成将为中国在新时期构建开放型经济新体制,形成以国内大循环为主体、国内国际双循环相互促进的新发展格局提供巨大助力。根据该协定的规定,RCEP 将在 6 个东盟成员国和中国、日本、韩国、澳大利亚和新西兰中至少 3 个国家签署后生效。[①] 自 RCEP 达成至其生效期间,我们认为,中国应对标 RCEP,落实国内对数字贸易的规制。例如,在 RCEP 第 12 章"电子商务"中,RCEP 规定了跨境传输数据的规则,并限制各缔约方对数字贸易施加各种限制,包括数据本地化(存储)要求等。RCEP 还对贸易相关文件材料数字化、使用电子签名、电子认证、垃圾邮件等领域进行了规范,旨在促进跨境贸易的同时,保护区域内消费者个人信息安全等。其中的很多规定中国已经落实,但有关跨境数据流动、与数据本地化要求相关的规定等还需使国内相关立法与之协调,以做到切实履行 RCEP 缔约方义务。

(二)回应 CPTPP

中国国家主席习近平在亚太经合组织第二十七次领导人非正式会议上提出中国将积极考虑加入 CPTPP,故中国还需要对标 CPTPP,对数字贸易的未来规制进行预判并做好相应预案,为加入 CPTPP 谈判奠定实践基础。CPTPP 源自《跨太平洋伙伴关系协定(TPP)》,其中有关跨境电子商务/数字贸易的规则在很大程度上体现了以美国为主导的亚太地区各缔约方的核心利益。毫无疑问,CPTPP 电子商务/数字贸易规则仍然是现代贸易协议的参考模板。一方面,中国应考虑积极加入 CPTPP,密切关注数字贸易规则的发展,积极参与和引领数字贸易规则的制定,提升数字经济环境下的国际规则话语权。另一方面,目前中国在一些方面尚未达到 CPTPP 的要求,须回应CPTPP 所关切的问题,尤其是那些在 RCEP 中尚未体现的问题,如 CPTPP第 14.4 条的非歧视待遇、第 14.10 条为电子商务接入和使用互联网的规定,以

---

① RCEP,Article 20.6.

及第 14.17 条的源代码保护问题。

（三）展望 FTAAP

从更长远看，中国还需考虑如何为亚太自由贸易区（FTAAP）的数字贸易规制提供中国智慧。当前，世界正在经历深刻变革，新冠疫情的暴发加速了这一趋势。世界经济陷入低迷，单边主义、保护主义抬头，全球治理体系面临新挑战。在习近平提出的人类命运共同体理念下，中国应积极推动亚太地区区域经济一体化进程。亚太地区经济一体化进程在贸易、投资准入合作的基础上，必将走向规制合作，而规制合作的有效途径便是建立亚太自由贸易区。亚太自由贸易区的创建和发展可以打破区域内的"意大利面条碗"效应。在构建亚太自贸区的进程中，我们首先需要解决 RCEP 与 CPTPP 的整合问题。因为 RCEP 和 CPTPP 是目前亚太地区影响最为深远的两大经济一体化机制，CPTPP 与 RCEP 的融合将为亚太地区各经济体带来更大的经济收益，如果能够对其进行成功整合，亚太地区的经济发展必将扬起新的风帆。而在未来FTAAP 的数字贸易规制中，我们期待中国能够在对标 RCEP、回应 CPTPP 的基础上，为 FTAAP 的数字贸易规则构建贡献智慧。

Research on RCEP's Regulation of Digital Trade

Chen Yongmei　Wu Congcong

Abstract：Under the background of the global spread of COVID-19 epidemic，the signing of Regional Comprehensive Economic Partnership Agreement（RCEP）is a great progress of the regional trade strategy under the ideal of socialism with Chinese characteristic posed by China national chairman Xi jinping. RCEP not only stipulates that electronic transmission is exempt from tariff，but also is the first free trade agreement that China has incorporated into the regulations of data flow and information storage. RCEP's regulation of digital trade facilitation and digital trade business environment is the core of its regulation of digital trade. With the signing of RCEP and its subsequent entry into force，it is necessary for China to implement the domestic regulation on digital trade in accordance with RCEP. At the same time，looking forward to the future negotiations on joining CPTPP，it is also necessary for China to prejudge the regulation on digital trade and make corresponding plans in accordance with CPTPP. In the long run, China still needs to contribute to the rule constitution of digital trade in FTAAP.

Key words：RCEP；Electronic Commerce/Digital Trade；CPTPP；CETA；JEEPA

RCEP背景下我国知识产权保护制度适应性分析及完善路径

马知罕*　　侯　姣**

摘要：2020年11月,东盟10国及中、日、韩、澳、新15国共同签署了《区域全面经济伙伴关系协定》(RCEP),标志着这一涵盖全球最多人口,具备最大经济规模的自由贸易协定正式面世。RCEP在《与贸易有关的知识产权协定》(TRIPS)基础之上,在知识产权保护方面对区域内各国提出了更高和更全面的要求。中国应该分析RCEP在知识产权保护方面的要求,结合现有国内知识产权保护制度,以签署RCEP为契机,在广播组织权、电视节目卫星信号保护、驰名商标保护、专利注册制度、民间文学艺术作品保护、知识产权侵权赔偿制度等方面完善我国知识产权制度,在确保RCEP中有关知识产权的要求得到落实的同时,使知识产权制度更好地为科技文化创新和高水平对外开放服务。

关键词：RCEP;知识产权保护;知识产权制度完善;高水平对外开放;创新

引　言

2020年11月15日,东盟10国及中国、日本、韩国、澳大利亚、新西兰15国的贸易部长签署了《区域全面经济伙伴关系协定》(下称RCEP),这标志着历经8年、31轮正式谈判之后,这一涵盖全球最多人口,具备最大经济规模的自由贸易协定正式面世。RCEP是我国在习近平新时代中国特色社会主义思

---

* 马知罕,西南政法大学国际法学院讲师。

** 侯姣,西南政法大学国际法学院博士研究生。

想指引下进行自贸区建设取得的显著成果,亦是我国进一步参与国际经济治理的重要进展。中国共产党的十九届五中全会指出,我国要"坚持实施更大范围、更宽领域、更深层次对外开放,依托我国大市场优势,促进国际合作,实现互利共赢",而 RCEP 的签署,无疑为贯彻会议精神提供了契机。

作为一个全面自贸协定,RCEP 协定由序言、20 个正文章节,以及 4 个市场准入承诺表附件组成。而在其 20 个章节中,有关知识产权保护的第十一章是内容最多、篇幅最长的章节,体现了各缔约国对于知识产权保护的高度重视。保护知识产权就是保护创新,在我国经济转型、产业升级的大背景下,知识产权保护作为关系到国家的高质量发展,关系到人民的幸福生活,关系到国家对外开放大局的工作,被提到了前所未有的高度。而 RCEP 在知识产权保护方面提出的更高要求,正是对我国提高知识产权保护水平的一个有力助推。作为 RCEP 缔约国中人口最多,经济总量最大的国家,落实 RCEP 中有关知识产权保护相关规定,完善相关法规制度,是我国亟须开展的工作。对内,可借由签订 RCEP 的机会,将落实 RCEP 中的知识产权保护要求作为动力,将我国知识产权保护水平提高到一个更高的台阶,更好的发挥知识产权保护工作促进科技创新,推动产业升级的作用;对外,可树立我国尊重知识产权、重视科技创新的良好国际形象,为改善营商环境,推动"更高水平对外开放"助力。

RCEP 的知识产权章节由 14 个部分及 2 个附件组成,分别为:总则和基本原则、著作权和相关权利、商标、地理标志、专利、工业设计、遗传资源、传统知识和民间文学艺术、不正当竞争、国名、知识产权权利的实施、合作与磋商、透明度、过渡期和技术援助、程序事项。两个附件分别为过渡期安排和技术援助。可以看到,RCEP 的知识产权章节既包括了传统知识产权保护的主要内容,同时也对知识产权发展的新趋势做出了回应,是迄今为止我国加入的对知识产权保护规定最全面的自贸协定。相较于几乎成为国际知识产权保护"基准点"的世贸组织《与贸易有关的知识产权协定》(下称 TRIPS),RCEP 的知识产权章节全面提高了区域内的知识产权保护标准,顺应了后 TRIPS 时代国际知识产权保护发展的趋势[①]。本文将结合 TRIPS,对 RCEP 知识产权章节中的重点内容进行解读,同时对我国的知识产权制度的现状进行分析,通过比较发现问题,最后对在 RCEP 背景下完善我国知识产权制度提出建议。

---

① 易继明、初萌:《后 TRIPS 时代知识产权国际保护的新发展及我国的应对》,载《知识产权》2020 年第 2 期。

一、RCEP 中知识产权保护条款解读

（一）RCEP 知识产权章节中的著作权问题

相较于 TRIPS 的著作权部分，RCEP 中著作权保护的特点主要体现在如下几个方面：细化了广播组织专有权的规定，增加了有关集体管理组织、规避有效技术措施、保护权利管理电子信息规定，并对缔约国政府使用的计算机软件提出了要求。

在广播组织专有权方面，TRIPS 只是概括性地规定应当给予广播组织者著作权保护[①]，但对随着广播技术发展而兴起的通过加密卫星信号传播的节目缺乏具体规定。由于 2020 年加密卫星电视节目的兴起及其需要付费才能观看的性质，使得加密电视节目背后涉及巨大经济利益。以"加密节目的卫星信号 破解"为关键字在最大中文搜索引擎"百度"上进行搜索，检索结果数目高达 11,600,000 个，而以"Encrypted program satellite signal cracking"为关键字在必应国际版上进行检索，结果数量更是达到了 23,100,000 条。由此可见，不论是在中文互联网世界还是在英文互联网世界，加密节目卫星信号的破解都有巨大的讨论量，从侧面反映出对此类卫星信号保护的必要性。RCEP 在其著作权部分对该问题进行了明确回应，规定除非获得授权，否则对该类加密节目卫星信号的故意接收、故意传播或故意接收和进一步传播均有可能构成侵权。[②]

在集体管理组织管理方面，RCEP 鼓励缔约国构建各自的著作权集体管理组织，以更好地满足著作权人的用权、维权需求。同时，RCEP 纳入了规避有效技术措施和保护权利管理电子信息方面的内容以应对信息技术的新发展对著作权保护带来的挑战。其中有效技术措施是指被著作权人（作者、表演者、录音制品制作者）采用制止未经其许可使用作品的措施。RCEP 明确规

---

① TRIPS 第 13 条第 3 款，广播组织有权禁止下列未经其授权的行为：录制、复制录制品、以无线广播方式转播以及将其电视广播向公众传播。如各成员未授予广播组织此类权利，则在遵守《伯尔尼公约》(1971)规定的前提下，应给予广播的客体的版权所有权人阻止上述行为的可能性。

② 《区域全面经济伙伴关系协定》第 11 章第 12 条。

定各国均应采取有效措施防止对此类有效措施的规避①。在保护权利管理电子信息方面,RCEP 要求缔约国针对两类行为提供足够的法律保护和救济:去除或改变任何权利管理电子信息;传播或提供明知已被未经许可去除或改变权利管理电子信息的作品、录制的表演或录音制品②。其中,所谓权利管理信息著作权人用以识别作品、作者或权利人、作品使用条件的数字、信息,以及代码③。规避有效技术措施和保护权利管理电子信息相关内容的加入,使得 RCEP 在著作权保护方面更加贴合信息技术、互联网技术飞速发展的大背景,填补了 TRIPS 中的空白,提升了区域内著作权的保护水平。

除了对著作权保护新趋势的回应,RCEP 中还加入了对政府使用软件的要求,规定缔约国中央政府只能使用非侵权计算机软件,并应鼓励地方政府也如此做④。这体现出 RCEP 在提高著作权保护标准的同时,充分考虑了区域内国家不同的经济状况和发展水平。

(二)RCEP 知识产权章节中的商标问题

对比 TRIPS 中有关商标的规定,RCEP 中商标部分第一个重要改变即是规定缔约国不得将商标的视觉感知性作为注册的必要条件,这意味着诸如声音、气味等非传统标志均可能在区域国范围内注册为商标,扩大了商标的保护范围。

其次,RCEP 增加了对驰名商标的保护要求,在驰名商标认定及保护措施方面作了相对具体的规定,要求缔约国应当拒绝可能与驰名商标混同的商标申请及使用,并要求缔约国不应将商标是否被列入驰名商标名录作为驰名商标的条件,填补了 TRIPS 的空白。RCEP 对驰名商标的保护要求实际上是明确了各国对驰名商标的保护义务,将"驰名商标"这一概念独立出来,提供高于一般商标的保护。但应该注意到的是,RCEP 中对驰名商标的保护还是局限在"相同或类似货物或服务上",比之一些保护水平较高的欧美发达国家还有差距。这是因为,在谈判阶段,不同发展水平的缔约国在驰名商标的保护范围

---

① 《区域全面经济伙伴关系协定》第 11 章第 14 条。
② 《区域全面经济伙伴关系协定》第 11 章第 15 条。
③ 《区域全面经济伙伴关系协定》第 11 章第 5 条、注释 14。
④ 《区域全面经济伙伴关系协定》第 11 章第 7 条。

问题上就存在分歧①,最终的条款是综合各国意见后折中的结果。

除此之外,RCEP还在恶意商标方面作出规定,要求缔约国的商标主管机关有权驳回申请或注销注册根据其法律属于恶意的商标申请。在恶意商标的认定上,虽然该条款的注释提出"就本条而言,一缔约方的主管机关可以考虑该商标是否与他人的驰名商标相同或者近似",但条文本身并未将"恶意商标"局限在与驰名商标相近或相似的商标。各缔约国根据自身情况,需自行立法确定恶意商标的范围,"商标抢注""商标囤积"等行为均有可能被认定为恶意注册商标。

(三)RCEP知识产权章节中的专利问题

RCEP知识产权章节中的专利部分涵盖专利客体、专利权内容、专利权例外、专利审查注册程序、18个月公布、专利宽限期、《专利合作条约》、国际专利分类制度、网上信息构成在先技术等与专利实体和程序两方面的多项内容。从最终的条款来看,RCEP在专利部分的规定较为保守,回避了谈判过程中争议较大的绝对新颖性、专利期恢复制度,以及市场审批程序中试验数据处理等问题,只将能达成广泛共识的条款纳入了最终协定。但即便如此,相较于TRIPS,RCEP的专利部分仍然有如下几方面值得注意。

一是更加详尽地规定了专利在审查、注册方面的程序事项,涉及专利申请、驳回、撤销、无效等各个阶段的程序问题,对各缔约国专利主管部门的义务划定了"底线",有利地促进了区域内专利审查注册程序的规范化。②

二是引入了有关保护植物新品种的要求,规定:"每一缔约方应当规定通过一项有效的专门的植物品种保护制度保护植物新品种。"③

三是规定了专利权18个月公布的原则,以及通过互联网向公众提供的信息构成在先技术。前者更好的平衡了专利权人和社会大众的利益,后者对在先技术的认定提出了一项具体要求,即将互联网信息纳入在先技术范围,以适应当今世界互联网技术的发展。虽然这两项规定在知识产权保护水平较高的国家并不新鲜,但考虑到RCEP区域内存在一些专利保护水平较低的发展中国家,这两项规定依旧从整体上提高了区域内专利保护水平。

---

① 华劼:《〈区域全面经济伙伴关系协定〉知识产权章节评述》,载《重庆理工大学学报(社会科学)》2017年第31卷第5期。

② 《区域全面经济伙伴关系协定》第11章第41条。

③ 《区域全面经济伙伴关系协定》第11章第48条。

(四)RCEP知识产权章节中的其他问题

除去著作权、商标权、专利权等传统知识产权保护项目之外,在RCEP中还有一些其他规定值得注意。

首先是RCEP倡议为遗传资源、传统知识和民间文学艺术提供保护,鼓励缔约国"可以制定适当的措施保护遗传资源、传统知识和民间文学艺术"。遗传资源、传统知识及民间文学艺术均是知识产权保护的特殊类别,尤其是民间文学艺术和传统知识,在确权、用权、维权上均缺乏统一明晰的标准,属于知识产权保护问题中的"疑难杂症"。RCEP在这方面虽然没有作强制性规定,但将其包含在条款中,已经足以体现RCEP的前瞻性。

其次是在不正当竞争方面,RCEP纳入了有关互联网域名的相关规定,着重强调了各缔约国应建立、完善各自的域名争端解决程序,以及在有人恶意注册域名的情况下提供相应的救济。在互联网已经深度融入社会生活各个方面的今天,利用域名进行不正当竞争的情况层出不穷,RCEP的该项规定正是其紧贴实际情况和时代背景的又一体现。

最后值得注意的是,RCEP对知识产权侵权的损害赔偿方面作出了比TRIPS更为细致的规定。知识产权的赔偿规则是直接影响知识产权保护的重要因素。能否为知识产权权利人提供足够、有效的赔偿,直接关系到整个知识产权制度能否充分发挥作用。TRIPS在赔偿问题上作了概括性的规定[①],而RCEP则在基础上更进一步,在两个方面作出了更具体的规定:一是在考虑赔偿金额时,要求缔约国司法机关"有权考虑权利持有人提出的任何合法的价值评估"[②]。二是要求"在著作权侵权或相关权利侵权和假冒商标案件中,司法机关有权责令明知或有合理理由知道自己从事侵权活动的侵权人向权利持有人支付因侵权获得的利润"[③]。前者体现了RCEP对知识产权赔偿金额这一重要问题的关注,要求缔约国充分考虑权利持有人的合理赔偿金额请求,尽量保证权利人能得到公平的赔偿;后者则是扩大了赔偿责任人的范围,为权利人寻求救济提供了更多可能。

---

① TRIPS第45条第1款。
② 《区域全面经济伙伴关系协定》第11章第60条第2款。
③ 《区域全面经济伙伴关系协定》第11章第60条第3款。

二、RCEP 背景下我国知识产权保护现状分析

我国对于知识产权保护的立法主要开始于改革开放以后,以 1982 年《商标法》为标志,并相继与 1984 年、1990 年、1993 年出台《专利法》《著作权法》和《反不正当竞争法》。在加入世界贸易组织以后,为了满足 TRIPS 的要求,承担起世贸组织成员国的义务,我国对既有法律进行修订的同时,不断补充完善新的法律、法规、规章等,截至目前,已经初步搭建起以《专利法》《著作权法》《商标法》和《反不正当竞争法》为核心,相应的实施细则、条例为辅助,其他行政法规和部门规章等规则为补充的知识产权保护体系,基本满足了 TRIPS 条款的要求①。然而,面对新鲜出炉的 RCEP,中国目前的知识产权保护现状能否完全满足要求,RCEP 的相关要求能否在我国目前的知识产权保护体系下顺利落地,还需要进一步分析。

在著作权法方面,针对广播组织专有权,我国在最早的 1990 年《著作权法》中就有了相关规定,在 2020 年最新修订版本中,更是针对广播组织权进行了进一步完善②,应当被认为满足了 RCEP 十一章第十二条第一款的规定。但立法上的完备并不等同于执行层面的完善,实际上,广播组织权的确权、侵权认定历来是我国司法实践中的疑难问题③。尤其是《著作权法》中最新修改、增加的一些内容,例如如何解释"视听作品",如何理解"通过信息网络传播的广播电视"与作品"信息网络传播权"的区别等问题更是亟待司法的明确。而在"载有加密节目的卫星信号"方面,在 2020 年上半年公布的《中华人民共和国著作权法修正案(草案)》当中,曾经将"载有节目的电视信号"作为著作权中广播组织权的保护客体④,但引发广泛争议。一些学者认为,"将广播组织权保护的对象由原来的'广播、电视'修改为'载有节目的信号',颠覆了著作权保护的客体仅限于内容表达而非技术载体的基本原则"⑤。在最终的《著作权

---

① 易继明、初萌:《后 TRIPS 时代知识产权国际保护的新发展及我国的应对》,载《知识产权》2020 年第 2 期。

② 《中华人民共和国著作权法》(2020)第 47 条。

③ 崔立红:《三网融合背景下的广播组织权研究——以传媒经济为视角》,载《政法论丛》2019 年第 3 期。

④ 《中华人民共和国著作权法修正案(草案)》第 45 条。

⑤ 张维:《著作权法草案相关话题热度不减》,https://www.chinacourt.org/article/detail/2020/06/id/5285160.shtml,最后访问日期:2020 年 12 月 10 日。

法》中,广播组织权保护的对象被修改为之前的表达,即"广播、电视"。这就使得,目前在我国的《著作权法》以及《著作权法实施条例》中缺乏对载有节目的卫星信号的直接规定。因此,我国现行的著作权保护制度能否涵盖对载有电视节目(尤其是加密电视节目)的卫星信号的保护值得进一步研究。在著作权集体管理方面,我国虽然在制度上相对完善,不仅在《著作权法》中有直接规定,还有《著作权集体管理条例》等配套措施,满足 RCEP 的要求。而在规避有效技术措施和保护权利管理电子信息方面,最新修订的《著作权法》刚刚加入了相关内容,从第四十九条到第五十一条,用三个条款规定了对技术措施和权利管理电子信息的保护,在立法上满足了 RCEP 的要求。但能否将法律文本中的要求落地,还有待司法实践的验证。在政府使用软件方面,虽然早在2013 年国务院就根据《著作权法》《政府采购法》等一系列法律发布了《政府机关使用正版软件管理办法》,但实践中,我国一些政府部门使用盗版软件的情况仍未被完全杜绝。

在商标法方面,从保护主体来看,我国的《商标法》只将"显著性"作为商标授权的要件,而不要求商标的视觉感知性,符合 RCEP 的基本要求。但是,在一些如"气味商标"的非传统商标问题上,还存在模糊地带。其具体体现在这些非传统商标的显著性认定较为困难,对商标本身的描述难以做到清晰明确等方面。从驰名商标保护来看,我国《商标法》不仅对驰名商标进行了专门的规定,并且未把对驰名商标的保护局限在"相同或类似货物或服务上",高于RCEP 的标准。从"恶意注册"相关规定来看,我国《商标法》在第七条、第十三条、第十五条均有相关规定,并且借由第七条中"诚实信用原则"作为兜底,保证了对恶意注册范围规定的灵活性。

在专利法方面,由于 RCEP 中的专利保护要求本身相对保守,我国又刚刚修订了《专利法》,进一步完善了专利保护体系,因此在专利方面满足 RCEP的要求并无太大问题。

在其他问题方面,而值得注意的包括传统知识及民间文学艺术保护问题及知识产权侵权赔偿问题。在民间文学艺术保护方面,目前我国的相关规定主要散见于一些地方法规,例如 2000 年出台的《云南民族民间文化保护条例》、2003 年出台的《贵州省民族民间文化保护条例》以及 2006 年出台的《宁夏回族自治区非物质文化遗产保护条例》等。虽然 RCEP 只是在文学艺术保护方面提出倡议,并无硬性要求,但我国目前这种"分散化、不成体系"的保护状况还是具备改善的空间。在知识产权损害赔偿问题上,由于 RCEP 的规定较为概括,我国现有的知识产权制度可以基本满足要求,但很难说现有制度已经完美。现有知识产权赔偿制度在惩罚性赔偿、赔偿数额认定等方面还存在一系列问题需要解决①。

由以上分析可以看到，不同于刚刚加入世贸组织时的情形，仅仅从满足RCEP基本要求的角度来说，并不需要我国大动干戈的进行知识产权保护体系的构建和更新。这是因为在就TRIPS条款进行谈判时，中国并不是世贸组织成员国，所以并未参与TRIPS条款的制定，因而在加入世贸组织后，我国需要努力地完善自己的知识产权保护制度以适应TRIPS的要求。与TRIPS的情形不同，中国是RCEP的原始缔约国，深度参与了RCEP制定的全过程，因此最终正式出台的RCEP知识产权保护章节是与中国目前的知识产权保护水平基本相适应的。但与此同时，不能忽略的是虽然在规则制定层面上中国已经大体满足了RCEP的要求，但在对RCEP具体要求的落实方面，还存在着不足之处。

三、RCEP背景下我国知识产权制度的完善路径

RCEP的出台，对区域内各国的知识产权保护标准提出了相对于TRIPS来说更高的标准。得益于对知识产权保护工作的重视以及多年来持续对知识产权保护制度的完善，在满足RCEP知识产权保护要求方面我国并不存在太大问题。但笔者认为，中国的知识产权保护水平不应只以RCEP的基本要求为衡量标杆，而应该以RCEP的签署为助力，对照RCEP的要求，将未做的工作补齐做到，将已经做了的工作落实做好，对非强制性的倡议带头响应。于内，这样做可以进一步完善我国知识产权制度，使之更好地服务于对我国极为重要的"创新"工作；于外，这样做可帮助我国改善营商环境，树立尊重知识产权的良好国际形象，促进我国更高水平的对外开放。因此，综合RCEP的要求及我国知识产权保护现状，可考虑从如下一些路径进一步完善我国目前的知识产权保护制度。

在著作权法方面，以2020版新修订的《著作权法》为基础，尽快通过司法解释、修改现有《著作权法实施条例》等措施完善相关配套规则，明确《著作权法》中新加入的概念和保护内容的含义和适用方法，保障新法在实践中能真正体现其立法目的。结合RCEP的要求具体来说，在涉及广播组织权，尤其是涉及网络赛事转播时，应明确此种情况下著作权法的保护客体性质（比如是否

① 张光良：《知识产权损害赔偿惩罚体系的构建》，载《法学》2020年第5期。

构成"类电作品"），以及互联网转播的性质等关键问题[①]；针对规避有效技术措施和保护权利管理电子信息，应进一步明确规避技术措施的具体行为，划定合适的保护范围；研究将私服和外挂、提供规避技术措施工具和设链等行为作为规避技术措施和刑法中侵犯著作权罪核心要件"复制发行"之间的关系，考虑将规避技术措施纳入刑法保护的必要性与可能性[②]；尤其需要注意的是，在RCEP中并无有关是否可以就防止规避技术措施设定例外情形的规定，而我国的新《著作权法》中规定了不得规避技术措施的五种例外情形[③]。虽然这并不一定直接导致我国的著作权立法不符合 RCEP 的规定，但明确如何理解、适用这些例外情形，确保其解释和执行不与 RCEP 中的要求相冲突是接下来应该开展的工作。

在政府软件适用方面，继续严格执行落实《政府机关使用正版软件管理办法》，对地方政府和中央政府同等要求，以高于 RCEP 标准的要求规范政府的行为，为 RCEP 区域内其他发展中国家做好表率。对于载有加密电视节目卫星信号的保护，在理论上，应当解决著作权保护客体和"载有加密电视卫星信号之间"的关系问题，为将此类卫星信号纳入我国的著作权保护夯实理论基础；而在司法实践层面，应当通过对新《著作权法》中广播组织权保护对象"广播、电视"的解释，以及其他的配套法律法规，对载有加密电视节目卫星信号的保护予以明确规定，保证我国的著作权保护制度对故意接受、故意传播或故意接受和进一步传播三种 RCEP 列举的行为均有相应的规定。同时，由于对卫星信号的接收、转播均涉及技术手段，而在信息技术发展迅猛的背景下，还应从司法实践的角度研究如何准确认定"接受""进一步传播"等行为，将 RCEP 中的要求真正落实。

在商标法方面，加快对气味等非传统商标显著性判定标准的制定，考虑到商标权的确权与侵权判定需要分别通过行政和司法两条不同的路径，应注重非传统商标的显著性判定标准统一的问题；在商标的恶意注册方面，考虑进一步明晰"恶意注册"的内涵，落实对商标抢注、商标囤积等行为的打击，用好《商标法》第七条中所规定的诚实信用原则，切实保护好商标权人的利益。

---

① 王迁：《体育赛事现场直播画面著作权保护若干问题——评"凤凰网赛事转播案"再审判决》，载《知识产权》2020 年第 11 期。

② 贾学胜：《著作权刑法保护视阈下"复制发行"的法教义学解读》，载《知识产权》2019 年第 6 期。

③ 《中华人民共和国著作权法》第 50 条。

在专利权法方面，虽然从立法上看我国最新的《专利权法》已经基本满足RCEP的要求，但这并不意味着我国的专利保护制度已经足以完美地落实RCEP的所有规定。对RCEP四十一条重点强调的专利程序性问题上，我国的专利制度仍有需要完善的地方。例如，作为专利程序中的无效宣告制度，目前就存在着相关法律法规对无效宣告各类程序的期限规定不完善，行政审查和司法审理的专业性和规范化程度不足，以及无效宣告进程严重影响侵权纠纷的解决等问题[①]。针对此问题，可考虑从细化专利无效行政审查的程序规定，完善行政诉讼判决内容以约束无效宣告行政审查，适度放开侵权诉讼对专利有效性的审查权，补充专利无效行政诉讼再审的有关规定等途径进行解决。

在知识产权其他方面，针对传统知识及民间文学艺术的知识产权保护，应从民间文学艺术作品及其权利内容的明确、权利主体的明确、具体保护方式的明确、权利保护的期限等方面入手，进行理论性研究，在其与传统知识产权保护客体之间寻找到合适的连接点，尽量避免另起炉灶，加快立法进程，响应RCEP的倡议；在知识产权赔偿制度建设方面，应将RCEP第六十条中"权利人能获得足以补偿其因知识产权权利侵权行为所受损害的赔偿金"的要求落到实处。应加快知识产权价值评估体系的建设，完善现有的法定赔偿、惩罚性赔偿等规章制度。其中，在知识产权价值评估方面，除了传统的商业交易价值，还可以从金融的角度入手，研究知识产权的金融价值，综合考虑知识产权在质押、证券化方面可能具有的金融属性，充分评估知识产权的价值[②]。在惩罚性赔偿方面，应当以《民法典》规定的惩罚性赔偿制度为核心，明确惩罚性赔偿的赔偿范围、成立要件、赔偿金额，保证赔偿制度的公平性和有效性，让赔偿制度更好地为知识产权保护和科技文化的创新服务[③]。

---

① 李晓鸣：《我国专利无效宣告制度的不足及其完善》，载《法律科学》2021年第1期。

② 肖冰、许可：《自由贸易港知识产权金融创新发展——基于新加坡的经验与启示》，载《海南大学学报（人文社会科学版）》2020年第6期。

③ 朱晓峰：《论〈民法典〉对惩罚性赔偿的适用控制》，载《暨南学报（哲学社会科学版）》2020年第11期。

Analysis of the Adaptability of China's Intellectual Property Protection System in the Context of RCEP and the Path of Improvement

Ma Zhihan   Hou Jiao

Abstract: In November 2020, 10 ASEAN countries, together with China, Japan, the Republic of Korea, Australia and New Zealand signed the Regional Comprehensive Economic Partnership (RCEP), marking the official launch of this free trade agreement covering the world's largest population and largest economy. On the basis of the Agreement on Trade-Related Aspects of Intellectual Property Rights (TRIPS), the RCEP puts forward higher and more comprehensive requirements for the protection of intellectual property rights among countries in the region. China should analyze RCEP at the request of intellectual property protection, combined with the existing domestic intellectual property protection system, consider the signing as an opportunity, perfect domestic intellectual property system in aspects of the right of broadcasting organizations, TV satellite signal protection, well-known trademark protection, patent registration system, protection of the folk literature and art works, intellectual property infringement compensation system, etc., to ensure the obligations of RCEP in regarding intellectual property to be properly carried out, and make the intellectual property system serve the innovation of science and technology and "high level of opening" better.

Key words: RCEP; Intellectual Property Protection; Intellectual Property System Perfection; High Level of Opening; Innovation

专题二

加强涉外
法治体系建设研究

国际核安全法律保障机制研究[*]

——基于人类命运共同体理念下展开

岳树梅[**]　王　蒙[***]

摘要：人类命运共同体理念蕴含的世界整体性视阈及发展、安全、责任共同体的内涵，为国际核安全法律保障机制建设提供了遵循指南。在构筑国际核安全法律保障机制的进程中，要达至合作谋安全的目标，应处理好各国在发展与安全位阶的权衡、自主利用核能发展权利与承担的国际责任之间的关系，遵循共同而有区别的责任原则。并从意愿和能力两个方面着手，通过核安全命运共同体理念的强化，激励性遵约机制的建立，核安全援助义务的增进，核安全多维治理主体的构建，在维护各国行使和平利用核能发展的权利的同时，亦能使其自主自觉地通过国际合作提升核安全保障能力，降低核能利用及运营过程中的风险，在确保安全的基础上实现核能造福全人类的愿景。

关键词：核安全命运共同体；发展与安全；国际责任；激励性遵约；核安全援助义务

核能作为一种低碳排放、高效清洁的能源，在日益严峻的全球气候变暖的情形下，得到了高度重视。安全高效发展核能，业已成为各国推进能源生产和消费革命，构建清洁低碳、安全高效的能源体系的重要举措。但是，由于核设施、核材料本身的特殊性，核技术本身存在较高的失控风险性，核事故具有的跨国性，核辐射危害给人们带来的恐惧，加剧了人们对于核安全风险的忧虑。因此，如何在维护各国和平利用核能发展的权利的同时，也能强化其核安全法

　*　本文系 2020 年国家社科基金重大项目"人类命运共同体理念下我国核安全治理体系和治理能力现代化研究"（20&ZD162）的阶段性成果。

　**　岳树梅，西南政法大学国际法学院教授，博士生导师。

　***　王蒙，西南政法大学国际法学院博士研究生。

律保障机制建设的跟进,成为国际社会迫切需要解决的一个难题。

一、国际核安全法律保障机制相关概念的厘定

(一)核安全的含义

根据《国际原子能机构安全术语—核安全和辐射防护系列》以及核安全首尔峰会中所达成的共识,核能使用过程中的高危险性主要有两个方面。一是核技术的安全使用,主要涉及核电站的安全运行,包含了对核设施和放射性物质在运行中采取相关保护、预防和缓解等安全措施,预防因技术原因和不可抗力引发的核事故;二是核燃料的安保问题,即防止核设施被人为破坏以及核材料被蓄意窃取。[①] 前者称为核安全,后者称为核安保,广义的核安全包括了两者,均旨在通过采取安全保障措施,对核装置和其他设施的设计与建造作出适当的规定,对进入核装置和其他设施实施控制,为减轻事故和故障的后果作出安排,对放射源和放射性物质的安保管理采取措施等,来维护人类生命与健康、保护环境。狭义的核安全仅指核技术的安全使用,即在核设施的设计、建造、运行和退役期间,在技术和组织上采取综合措施,避免潜在的可能的放射性污染危害人的健康与生态环境。

在 2020 年 10 月 30 日生态环境部召开的传达学习党的十九届五中全会精神会议中,生态环境部部长就指出"要进一步提升环境应急响应处置能力,加强核安全监管,确保生态环境安全和核与辐射安全"[②],其实质上指向的就是核技术的安全使用。因此,本文所讨论的核安全治理与核安全保障,也仅仅指向核技术的安全使用,不包括核安保等问题。

(二)国际核安全法律保障机制的现状

核安全属于非传统安全,其治理难度大、过程长、综合性强等,尤其是即使

[①] 夏立平:《论国际核安全体系的构建与巩固》,载《现代国际关系》2012 年第 10 期。

[②] 赵晶、谢磊:《生态环境部党组召开会议 传达学习贯彻党的十九届五中全会精神》,http://dangjian.people.com.cn/n1/2020/1110/c117092-31925024.html,最后访问日期:2020 年 12 月 8 日。

在具备十分先进的核技术的国家,其核安全治理也不可避免地会出现问题。[①]这就决定了在核安全领域,必须要强化国际合作,在全球层面就核安全治理议题进行协作,打破核安全领域各自为政的无政府状态,通过构建核安全国际治理机制,开展集体行动。[②]

就当前的国际核安全法律保障机制而言,在国际原子能机构(IAEA)的推动下,制定了多部具有一定约束力的国际性法律文件[③],形成了国际国内协同保障的框架体系。如为了确保核技术的安全使用,公约要求致力于发展核电技术的国家,应当确保:有一个技术上合格和资源适当的国家监管机构(或机构),向政府和社会保证正在控制核安全和核安保;只有具有必要技术能力的组织才能建造、委托和运营核电厂;在建造核电厂之前,该组织必须拥有监管机构提供的核场所许可证,并在必要时作出适当的核安全安排;在该国境内有适当的安排,以管理乏核燃料和预期由该方案产生的放射性废物的安全和保障。

此外,为了使各国能够履行其在核安全相关公约下的义务,IAEA 还制定了一系列广泛的安全标准和安全指南等,其中就包括一项关于基本原则的高级别声明。[④] 如通过许可证制度控制核能的使用;确保核安全的责任由被许可人承担;建立一个监管机构;确保监管机构独立于负责促进核能的机构和被许可人;确保监管机构有足够的资源履行其监管职能;确保监管机构有必要的能力提供有效的监管评估、检查和执法职责等。

(三)国际核安全法律保障机制建设面临的困境

尽管世界各国为了维护核安全,通过核安全峰会等活动,在通过国际合作谋求核安全议题上取得了一些共识,并采取了相应行动,但是在国际核安全法

---

① Shigenori Matsui, T-Rex, Jurassic Park and Nuclear Power: Nuclear Power Plants and the Courts after the Fukushima Nuclear Accident, 42 *WM. & MARY ENVTL. L. & POL'y REV.* 145 (2017).

② 郭冉:《国际法视阈下美国核安全法律制度研究》,武汉大学出版社 2016 年版,第20～30 页。

③ 主要有核设施建造和运行领域的《核安全公约》、核废物处理与处置领域的《防止倾倒废物及其他物质污染海洋的公约》《联合公约》、核事故应急准备与响应领域的《及早通报核事故》《核事故或辐射紧急情况援助公约》等。

④ International Atomic Energy Agency, 'Fundamental Safety Principles, IAEA Safety Standards, Safety Fundamentals, SF 1', Vienna 2006.

律保障机制建设上,仍面临众多问题。

一是在发展核电技术的国家之间,因发展程度与实践能力不同,对核电发展中的具体利益诉求也存在差异,必然会导致各国在核电开发与利用过程中的预期目标和实践诉求方面存在很大差异[①],这些势必会影响到各国之间在核安全技术层面的合作与交流。二是在核安全治理问题上,由于缺乏信任,各国在核安全保障议题上的合作深度与广度,与核能发展上的规模和进度相比远远不够。三是虽然 IAEA、经合组织核能署等国际组织,通过决议、提供援助、通报信息,将核安全法律付诸实践。[②] 如 IAEA 会将这些基本原则、安全要求和安全导则作为同行评审服务的标准,对成员国是否履行义务进行审查,并提出改进建议。然而,核反应堆的设计和运行安全的保障,核事故的有效预防,核应急准备和响应能力的提高,离不开国际与国内的双重监督。但是,由于上述核安全保障性文件在法律约束力上的不足,既无强制执行措施让各国在核安全保障措施上履约,也无法有效应对因客观履约能力不足导致的履约不充分的问题。而要通过加强国际核查与监督,来有效保障核安全,防止核事故,减少放射性事故的可能性,其面临的最大的障碍就是各个主权国家的国家利益。每一个国家都会竭力追求自身利益最大化,而不是全球利益最大化。主权国家不愿接受拘束力过强的国际性的协议,就是担忧会削弱其主权和自主性,降低其为自身利益最大化而采取行动的能力。因而,意图在核安全领域,形成保护世界安全的迅速和综合的动议,必然要以取得全球性共识为基础,但是在加速行动和取得共识之间存在一个难以逾越的障碍,那就是一份有约束力的全球治理方案会对各国的经济与社会结构产生影响,在此能达成共识的难度极大。[③]

---

① 2011 年 3 月发生的福岛核电站事故让核工业陷入了复杂的境地。在日本,政府尚未提出一个明确的核能政策,而德国、比利时和韩国等国,已经决定在未来关闭核电站。中国政府将核能与可再生能源重新评估定位为清洁低碳能源,并开始积极推广。但在全球范围内,对高燃料效率和零碳的核能需求正在扩大,特别是在经济和电力需求急剧增长的新兴国家。参见《日媒:为什么中国渴望发展核能》,https://www.sohu.com/a/436907781_162758,最后访问日期:2020 年 12 月 8 日。

② 陈刚:《国际原子能法实施的强制性特征》,http://blog.sina.com.cn/s/blog_aed52f3201014pr6.html,最后访问日期:2020 年 12 月 8 日。

③ 〔德〕赫尔曼·希尔:《能源变革:最终的挑战》,王乾坤译,人民邮电出版社 2013 年版,第 58 页。

二、人类命运共同体理念为国际核安全法律保障机制建设凝练了遵循指南

人类命运共同体理念,是以习近平同志为核心的党中央,在深刻洞察国际社会、国际关系与国际格局的发展趋势,准确把握中国与世界各国战略关系的走向,统筹国内国际两个大局,将马克思主义基本原理同中国的国情、世情和时代特征结合起来,逐步形成的一个科学的思想理论体系,其尤为强调全球视野、人类休戚与共的情怀和大国担当。[①] 核安全作为全球面临的共同威胁,正好需要这种整体性视野、休戚与共的情怀以及大国的担当。从理想主义的角度来看,在核安全问题上不应当有国家价值立场,而应以全球共同的价值立场来维护整个人类的整体利益。但是现实却是各国在核能开发与利用上有着不同的立场,经济发展是因素之一,除此之外还有历史文化因素等。严峻的核安全形势迫使国际社会必须就核安全问题进行全球治理,而全球治理又需要世界主义的价值视野,需要国家、非国家行为体和私人为应对全球危机与挑战而通力合作、协同努力。尤其是在人类相互合作的重要性与必要性提升到了以往无可比拟的高度的情形下,强化全人类的团结合作,才能共渡难关,消解危机。[②]

(一)在国际核安全保障机制构建中妥善处理发展与安全的关系

核能为人类发展点燃希望之光,但是,随之伴生的核安全风险也使得人类利用核能的美好前景蒙上阴影。[③] 虽然和平利用核能的权利和自由,属于发展权的内容,不应以维护安全为由,剥夺发展中国家和平利用核能权利,而应通过国际社会的支持与帮助,对于核能利用国家在核安全保障能力的提升,来降低和平利用核能中的风险。[④] 然而,也必须要强调各国在享有发展这一权利的同时,应承担核安全保障责任。毕竟,法蕴含着安全价值[⑤],是个人生存

---

① 刘振中、袁勤、刘镇江:《习近平核安全观与构建人类命运共同体的耦合性》,载《湘潭大学学报》(哲学社会科学版)2018年第6期。

② 张之沧:《新全球伦理观》,载《吉林大学社会科学学报》2002年第4期。

③ 国纪平:《构建人类"核安全"命运共同体》,载《光明日报》2016年3月31日第1版。

④ 吴莼思:《全球核安全治理机制:未来在何方?》,载《当代世界》2016年第3期。

⑤ 杨震:《法价值哲学导论》,中国社会科学出版社2004年版,第219页。

与发展的起点，是追求更高意义上的幸福的依据，更是社会存在的基础。正是为了安全的需要，才会制定法律。① 正如洪堡所指出的那样，国家存在的唯一的目的就是保障公民的安全，尽管其也旨在促进社会福利，但国家追求的终极目标无非就是公民的安全。② 米尔恩也认为，安全是社会生活之所以需要实在法的首要成因。③ 具体到核安全保障领域而言，首要任务为破除国际与国内以往"重扩散、轻安全"的理念，确立核安全优位原则，协调处理好发展本国经济与维护共同安全之间的关系。在这个充满风险的时代，没有安全的保障发展是难以持续的，面对充满不确定性的公共安全危机，人的生命健康安全才是最为宝贵的。因而，各国在追求经济发展的同时，也要注重协同改善和维护国民的生命健康，让经济发展与人的生命健康安全的保障之间形成一种均衡、互补、互强关系。

（二）在国际核安全法律保障机制构建中平衡好各国发展权利与承担维护安全的国际责任的关系

由于不存在一个超国家实体负责所有国家的环境安全或核安全，因而，提升安全治理能力，保护本国人民与环境免受核辐射危害，就成为主权国家的义务与责任。而主权国家既是国际协作的推动者，同时也在一定程度上阻碍了国际协作的有效进行，尤其是在狭隘的民族主义与利己主义思想的影响下。但国际社会各国相互依存状态的提升又迫切需要各国团结协作，为共同利益让渡部分主权权利。④ 此时，各国唯有以高度的国际责任感，通过完善本国的核安全法律体系，组建独立的核安全监管机构，建立核应急准备及响应机制，提高公众参与及透明度，参加国际同行评审，建设核安全文化等，来建设现代化的核安全治理体系，保障国家安全和推动经济社会可持续发展。⑤ 尤其是后疫情时代，全球治理将更突出"安全"和"可持续"要素，无论一国是否采取发展核电的决定，抑或是在启动核电开发和运用过程中，应嵌入同舟共济，权责

① ［英］霍布斯：《利维坦》，黎思复译，商务印书馆 1985 年版，第 14、15 章。
② ［德］威廉·冯·洪堡：《论国家的作用》，林荣远、冯兴元译，中国社会科学出版社 1998 年版，第 143 页。
③ ［英］米尔恩：《人的权利与人的多样性》，夏勇、张志铭译，中国大百科全书出版社 1995 年版，第 132 页。
④ 杨泽伟：《国际法析论》，中国人民大学出版社 2012 年版，第 256 页。
⑤ 薛澜：《学习四中全会〈决定〉精神，推进国家应急管理体系和能力现代化》，载《公共管理评论》2019 年第 1 期。

共担的命运共同体意识①,处理好国家主权的相对性与绝对性问题以及国家间权利义务的平衡问题,在切实确保核安全的前提下促进核能发展。②

（三）在国际核安全法律保障机制构建中,秉持共同而有区别责任原则,确立包容性的核安全遵约举措

福岛核事故的污水泄漏问题的长期性和严重性,也启迪我们确保核安全,防止核泄漏以及核辐射污染,是全人类的共同责任。但是,考虑到各国经济发展水准及发展阶段的差距,不顾各国的国情与国力,在核安全问题,一刀切的采用一种标准,无疑会引发各国的抵触。强调各国要积极履行国际核安全义务,不等于各国要完全采取相同的核安全措施,更不等同于可以以核安全为名,行打探别国核机密和限制别国合法核权益之实。

因而,在核安全机制与法律保障措施构建问题上,不能套用某一标准来要求发展核电的国家完全采取相同的核安全措施。毕竟各国核能事业处于不同发展阶段、核安全状况殊异,面临的核安全挑战不尽相同。所以,国际社会在强调各国履行有关国际义务的同时,也要尊重各国自行选择适合本国国情的核安全政策和举措的权利,否则会削足适履,甚至适得其反。③ 只有充分考虑各国的现实利益诉求,给予其一定的自由度,为其留足发展权的自主空间,使其依据本国国力以及发展状况,来对症下药制定相应的核安全机制与保障措施,才能为其所接受和吸纳,而不至于触及不干涉内政原则。正是基于上述考虑,习近平主席在 2014 年海牙峰会阐发的中国关于核领域全球治理的思路,其核心就是要求同存异和循序渐进,即以一种包容性、开放性的态度,来推动国际核安全法律保障机制取得进步。

三、中国推动国际核安全法律保障机制走出困境的具体策略

要推动国际核安全法律保障机制走出困境,必须要着重解决承担核安全

① 张晓君:《坚持统筹推进国内法治和涉外法治》,载《重庆日报》2020 年 12 月 8 日第 14 版。
② 陈刚:《世界原子能法律解析与编译》,法律出版社 2011 年版,第 8~15 页。
③ 傅小强:《从全球治理角度认识国际核安全问题》,载《现代国际关系》2016 年第 3 期。

治理的最重要主体——发展核电国家的在核安全法律保障机制建设上采取行动的意愿和能力问题。除了要解决各国在核安全采取集体行动的意愿之外，还需要解决行动的能力问题。作为联合国安理会常任理事国、国际原子能机构成员国，我国一直致力于构建公平、合作、共赢的国际核安全体系，除了"加大核安全投入，完善核安全法规体系，着力提高核安全管理水平，对全国核设施安全状况进行全面检查，加强核安全人力资源建设，建立全方位培训计划和多元化培训模式……加强放射源和放射性废物安全管理，推进国家放射源数据库建设"[①]外，还在 2013 年制定了核电"走出去"国家战略，将核电发展与"一带一路"倡议相结合，力促为核能安全地造福全人类提供强有力、可持续的制度保障。特别是福岛核电站事故以后，我国对全球核安全治理有了更为深刻的认知，核电安全也成为我国与其他国家进行核能合作的重点。

(一)将核安全命运共同体理念作为构建国际核安全保障机制的价值指引

安全不仅取决于规则，也取决于社会成员的信仰与信任，取决于人与自然和谐共生的人权理念，取决于共同体主义思维方法。因此，从价值理念层面，必须要牢记"核安全是核工业发展的基础和生命线，是核事业健康有序发展的重要保证"，提升各国在核安全保障机制上进行合作和协调的意愿。[②] 尤其是和健康权被纳入基本人权的范畴，从健康权视角审视全治理已成为一种新趋势的大背景下。

而核安全日益威胁着全人类的生命健康，各国在发展核电技术的同时，必须要考虑在发展之中促进和保障健康权，承担起维护共同安全的责任，秉持风险预防原则，将维护人类的生命健康权确立为人类共同价值，增进核安全命运共同体理念的理解与认识，以此为基础，统筹国内国际责任，不断完善本国核安全治理体系，构建起核安全领导决策体系、核安全组织协调体系、核安全风险防控体系、核安全监督体系和核安全法治体系等，全面提高国家核安全治理能力。[③]

---

① 胡锦涛:《深化合作 提高核安全水平——在首尔核安全峰会上的讲话》，载《人民日报》2012 年 3 月 28 日第 2 版。

② 张明、白云生:《国外核安全立法实践及对我国的启示》，载《中国核工业》2014 年第 5 期。

③ 李文良:《把生物安全纳入国家安全体系意味着什么》，载《光明日报》2020 年 3 月 2 日第 2 版。

(二)推动核安全激励性国际遵约机制建设

考虑到核安全的特性,一般而言主权国家都会自觉遵守和履行核安全的国际公约的义务。但是,也不排除部分国家为了片面追求本国经济的发展,在发展核电技术时忽略核安全机制的跟进。比如说日本福岛核安全事故的发生,就与其核安全文化观念淡薄以及监管不力息息相关。① 早在 2007 年以前,IAEA 在应邀对其提供综合监管评审服务之后,就曾建议其在监管机制方面予以变革,但是,日本却对此置若罔闻。

世界主义者与生态主义者就曾断言,国家在狭隘片面的追求经济利益考量下,很难会在生态治理中积极发挥作用,因此要建立一套全球性的管理机构,来对于不遵约方采取强制性制裁措施。具体到核安全的国际监督与核查机制而言,也曾有学者提议修订《核安全公约》第 18 条,使同行评审和安全标准具有法律强制性,增加国际核安全法律制度的约束力。② 然而,国际社会毕竟不同于国内社会,国际社会是一个平权型社会,更类似于一个横向的网状结构,只存在国家之间而非国家之上规范与规则与组织机构。如规制过于严格,强制性太强,必然会被认为是干涉一国内政的嫌疑,这无疑会遭到主权国家的抵制;如过于松散,则根本起不到规制的效果。对此,可从正向激励角度考虑,可以通过对遵约行为的积极反馈,来增强合作的意愿。如鼓励各国按照 IAEA 提供的指引,来强化本国核安全的治理,鼓励缔约方在兴建第一座核电厂前通过同行评审服务来对场址和设计安全进行评估,鼓励缔约方在运行核电厂期间定期接受国际同行评审,对运行安全进行评估,并在资金与技术上予以激励,即可切实保障核安全治理议题始终处于进步状态,凸显遵约机制的预防理念,强化各国履约能力,也可促成各国积极开展核安全建设行动。

(三)强化核安全领域的援助机制建设,增强缔约国在核安全保障领域履约能力

在环境治理中所确立的"共同而有区别责任"原则,也应同样适用核安全领域。 一方面在应对核安全时,各国无论国力大小、发展强弱,均应承担核安全保障职责;另一方面,相比于发展中国家尤其是不发达国家而言,发达国家

---

① Official Report of the Fukushima Nuclear Accident Independent Investigative Commission, Executive Summary (National Diet of Japan, Tokyo 2012).

② 赵洲:《国际法视野下核能风险的全球治理》,载《现代法学》2011 年第 4 期。

尤其是有能力的国家,在核安全领域多付出一些,也无可厚非。因此,各个国家要提升核安全的能力,使各层级应对机制科学化、合理化外,还应从资金和技术层面,对于有发展核电需求的国家予以支持和援助,帮助其在发展核能过程中,切实遵照核安全相关公约的履约要求,提升核安全保障能力。①

质言之,即依据各国的能力和共同但有区别的责任原则,通过国际组织框架以及新兴大国在资金、技术转让和能力建设上予以援助,来助推相关国家在核安全标准及监管制度透明度和评审制度上进行努力,支持发展中国家的核安全建设能力。如俄罗斯与孟加拉国之间,就在核安全领域开展了积极富有成效的合作,帮助其发展必要的核专门知识,以及培训核电运营所需的工程师和科学家,为其培育了一支熟悉反应堆技术及安全保障技术的人员队伍。②考虑到东亚地区发展核能国家的意愿较高,在全球核电发展中占据着重要分量,且核安全隐患也十分突出,我国也有必要在"中日韩核安全监管高官会机制"和"东盟核安全监管合作网络框架"的基础上,进一步加强与东亚各国在核安全保障机制建设对接,在资金、技术转让和能力建设给予相关国家帮助,促进其核安全保障机制建设,提高本地区核安全水平。

(四)构建多维核安全治理主体

如前所述,核安全问题本身极具复杂性,需要治理主体在熟知核技术等专业问题的基础上,融汇危机治理、风险管理、信息技术等学科知识,方能更好的应对核安全问题。这就需要行为主体提供多维度、多视角的理论见解和实践方法,从而使核安全治理更加准确、透明、包容。另外,在评估、管理和沟通核能开发与利用可能带来生态环境问题以及更广泛的核安全问题时,非国家行为体在促进信息、知识、观念的传递,协调各国和合作机制上也有其独特的作用。联合国在《2030 年可持续发展议程》中就明确强调,要"加强全球可持续发展伙伴关系,以多利益攸关方伙伴关系作为补充,调动和分享知识、专长、技术和财政资源,以支持所有国家,尤其是发展中国家实现可持续发展目标"。③

---

① 王晓丽:《多边环境协定的遵守与实施机制研究》,武汉大学出版社 2013 年版,第40 页。

② DR Chaudhury, Russia Extends Advanced Nuclear Power Technology in Bangladesh, *The Economic Times* (India, November 2017).

③ 《变革我们的世界:2030 年可持续发展议程》,https://undocs.org/ zh/A/RES/70/1,最后访问日期:2020 年 12 月 8 日。

如在一国因工业能力有限,在不具备核科学或核工程的经验的情况下,又有和平利用核能技术来发展本国经济的意愿的情形,此时就可以利用海外的一些技术与科技支持组织(Technical and Scientific Support Organizations,TSO),来支持其开发利用核能。如阿联酋就在核专家和国际监管机构的帮助下,成功地启动了核能发展,孟加拉国等也在核反应堆供应国提供的援助下,在其国内开启了和平利用核能技术发展经济的道路。并且,TSO除了能为核安全监管机构履行这些核心职能提供技术服务外,还可以基于其作为独立科学和技术组织的身份和地位,向该国公众宣传核安全技术知识,帮助其公众建立起对核能技术发展与运营安全正确认识,提升对本国核安全监管制度效能的信心,避免不必要的核恐慌发生。为此,IAEA在2007年就曾在法国普罗旺斯召开的会议上专门讨论过TSO在监管机构和核能发展方面的作用。[①]

结 语

党的十九届五中全会中提出要"推进能源革命、统筹发展和安全",并在远景目标中指出要"广泛形成绿色生产生活方式,碳排放达峰后稳中有降,生态环境根本好转,美丽中国建设目标基本实现等。"[②] 在"全球变暖达到新的高峰、生态退化跌至新的低点、实现更加公平包容及可持续发展全球目标的努力遭遇新的挫折"的形势下,中国更是郑重宣布国家自主贡献目标并承诺在2060年前实现碳中和、2030年前碳排放达到峰值,这无疑对全球具有重大示范意义。但这一切的实现离不开有一个清洁低碳、安全高效的能源体系,来促进能源效率,维护能源公平,保障能源安全,来统筹协调发展与安全之间关系。统筹发展和安全的关系,并不意味着要把发展摆在次要位置,而是强调在发展中要更多考虑安全因素。不能为了发展而不顾及潜在风险挑战,也不能为了安全而在发展上裹足不前。

核能作为一种低碳排放、高效清洁的能源,在国际节能减排任务的重压之

[①] International Atomic Energy Agency,"*Challenges Faced by Technical and Scientific Support Organizations in Enhancing Nuclear Safety*"Proceedings of an International Conference,Aix-en-Provence,23-27 April 2007).

[②] 《中国共产党第十九届中央委员会第五次全体会议公报》,http://cpc.people.com.cn/n1/2020/1029/c64094-31911510.html,最后访问日期:2020年12月12日。

下,和平的开发与利用核能,是大势所趋。但是,在大力发展核电的同时,除了要不断加强我国核安全保障法律体系建设外,也要积极开展国际核安全协调活动,推进核安全保障的国际合作,为国际核安全法律保障机制建设办好事办实事,方能推动核发展共同意愿的形成,进而更好地推进中国的核电走出去,使得核能造福人类的前景更加光明。

The Research on the International Nuclear Safety Legal Guarantee Mechanism
—Based on the Concept of a Community with a Shared Future for Mankind

Yue Shumei　Wang Meng

Abstract：The vision of the world as a whole contained in the concept of a community with a shared future for mankind and the connotation of a community of development，security and responsibility provide guidelines for the construction of international nuclear safety assurance mechanisms. In the process of building an international nuclear safety legal guarantee mechanism，in order to achieve the goal of cooperation among all countries for safety，it is necessary to handle the trade-off between the development and safety levels of each country，the relationship between the development rights of each country and its international responsibilities. Follow the principle of common but differentiated responsibilities. And from the two aspects of willingness and ability，through the strengthening of the concept of a community with a shared future for nuclear safety，the establishment of an incentive compliance mechanism，the enhancement of nuclear safety assistance obligations and the establishment of a multi-dimensional governance body for nuclear safety，we will safeguard the peaceful use of nuclear energy by all countries. At the same time as the right to develop，it will autonomously and consciously enhance its nuclear safety assurance capabilities，reduce risks in the development，utilization and operation of nuclear energy，and achieve the goal of nuclear energy benefiting all mankind on the basis of ensuring safety.

Key words：A Community With a Shared Future for Nuclear Safety；Development and Safety；International Responsibility；Incentive Compliance；Nuclear Safety Assistance Obligations

习近平法治思想下的境外非政府组织法律治理研究
——以《境外非政府组织境内活动管理法》为中心

全小莲*　　武义翔**

摘要:2017 年生效的《境外非政府组织境内活动管理法》是我国依法管理境外非政府组织的核心。该法实施以来,我国关于境外非政府组织的法律治理在维护国家安全和保障社会稳定方面取得了显著成效。不过,该法也暴露出配套法规滞后、部分法律规定不明确、对资金和临时活动的规定过于偏重监督和限制等问题。加之法律实施过程中,行政机关存在消极执法、执法效能低下等问题,一定程度上使得境外非政府组织在华活动受阻。针对这些问题,在习近平法治思想的引导下,为推进国家治理体系和治理能力现代化,应完善相关立法、优化行政执法,在资金来源和使用审查、临时活动备案等重点领域进行制度创新。

关键词:境外非政府组织;《境外非政府组织境内活动管理法》;资金审查;临时活动备案

2017 年 1 月 1 日,经全国人大常委会通过的《中华人民共和国境外非政府组织境内活动管理法》(以下简称《管理法》)生效,这是我国首次以法律的形式围绕境外非政府组织制定的综合性立法。该法为境外非政府组织在华活动提供了法律依据,彰显了中国法治的进步。该法还吸取了国外"颜色革命"事件中境外非政府组织不法介入的教训,构建了较为严格的监管体系,有效地遏制了境外非政府组织在境内的非法活动,有力地保障了国家安全。不过,该法实施 3 年来,也暴露出一些问题。一方面,就法律本身而言,现行《管理法》的部分内容存在限制过多,机械僵硬或不明确等问题。另一方面,在法律实施过

* 全小莲,西南政法大学国际法学院副教授,法学博士。
** 武义翔,西南政法大学国际法学院硕士研究生。

程中,行政机关缺乏灵活性和积极性,存在审核过严、机械执法和推权诿责等问题。这些问题增加了境外非政府组织在华活动的成本和难度,过度限制了境外非政府组织的运行和发展。

科学有效地管理境外非政府组织,既要充分管控国家安全风险,又要避免因规定过严过死限制其合理活动空间。"强化法治思维、运用法治方式,有效应对挑战,防范风险"是习近平法治思想的重要内容。习近平同志还曾指出:"中国政府欢迎境外非政府组织来华开展友好交流合作,并努力创造良好法治环境,为其在华活动提供便利,保障其合法权益。"①《中共中央关于全面深化改革若干重大问题的决定》②和《中共中央关于全面推进依法治国若干重大问题的决定》③也都指出,应当加强对在华境外非政府组织的管理,引导其依法开展活动。领会把握习近平法治思想的精髓要义,锚定境外非政府组织法律治理工作新坐标,全方位系统性谋划对境外非政府组织法律治理的科学化、现代化,推动法律治理机制和体制的创新发展是当下的时代命题,也是实现国家治理体系和治理能力现代化的应有之义。因此,本文拟从法律本身和法律实施过程两个层面分析我国现行境外非政府组织法律治理中存在的问题与不足,进而提出相应对策,以期为国家科学有效管理境外非政府组织贡献绵薄之力。

一、现行立法存在的问题和不足

(一)配套法规尚待更新完善

《管理法》施行之前,我国主要依据《基金会管理条例》(2004 年)和《外国商会管理暂行规定》(1989 年)分别管理境外基金会和外国商会。但《管理法》实施后,这两个法规一直未更新,其中的有些规定明显与《管理法》相冲突。例如两个法规将登记管理工作统一划归民政部门负责,但《管理法》规定公安部

①　2016 年 7 月 5 日《中华人民共和国主席习近平致 2016 年二十国集团民间社会会议的贺信》。

②　《中共中央关于全面深化改革若干重大问题的决定》,2013 年 11 月 12 日中国共产党第十八届中央委员会第三次全体会议通过。

③　《中共中央关于全面推进依法治国若干重大问题的决定》,2014 年 10 月 23 日中国共产党第十八届中央委员会第四次全体会议通过。

门是登记管理机关;《外国商会管理暂行规定》规定外国商会可以吸收团体会员和个人会员,而《管理法》规定境外非政府组织不得在华发展会员。除此之外,旧法还有很多规定与《管理法》不一致,且没有及时进行修改。

(二)资金来源途径规定不明确

境外非政府组织作为非营利组织,资金决定了其是否能够继续生存以及开展必要活动。《管理法》第 21 条规定境外非政府组织仅可使用境外合法来源的资金、中国境内的银行存款利息和中国境内合法取得的其他资金在中国境内开展活动。但是立法没有进一步对境外合法来源的资金和在中国境内合法取得的其他资金给出定义,也没有采取列举的方式加以澄清。这种立法上的不明确为法律实施过程中的资金审查问题埋下隐患。

立法不明确带来的另一个问题是捐赠的法律性质认定问题。《管理法》没有规定在华境外非政府组织是否可以接受捐赠,仅《基金会管理条例》明确规定"境外基金会"不得接受捐赠。而实践中,这种态度不明极易导致法律实施中执法部门对所有类型的境外非政府组织参照适用《基金会管理条例》,全盘禁止其接受捐赠。因此,立法应对判断捐赠是否属于合法来源提供依据。

(三)"临时活动"界定宽泛僵硬

现行《管理法》关于临时活动的规定主要有两处不合理。一是临时活动定义不明,二是备案期限设置僵硬,缺乏弹性。首先,由于现行法律未对境外非政府组织在中国的"临时活动"或"活动"作出界定,实践中对境外非政府组织在中国的"临时活动"的界定不仅包括其开展的与其宗旨相符合的活动,还可能包括一些与临时活动联系不大且相对琐碎的行为,如在中国寻找合作机构时的探访行为和相关工作人员的日常起居行为。这加重了境外非政府组织的备案负担,增加了其在华开展活动的难度。①

同时,《管理法》规定临时活动期限不得超过一年,确需延长期限的应当重新备案。然而一年的临时活动期限相对较短,不符合现实,如一些境外非政府组织开展的贫困地区医疗健康活动和偏远山区的助教活动。这类活动往往在

---

① "活动"的定义和范围在《管理法》征求意见稿阶段就饱受争议,然而终稿没有对此作出回应。例如,吕植:《对〈境外非政府组织管理法〉二审稿的反馈》,http://www.china-developmentbrief.org.cn/news-17578.html,最后访问日期:2020 年 10 月 6 日;贾西津《法观念差异下的境外 NGO 立法效应》,载《中国非营利评论》2017 年第 1 期。

路途和物资运送上就需要投入数月时间，加上活动的立项、备案和执行完毕，往往会超出一年的时限。因此，一年的临时活动期限不符合相关活动、项目的规律，令境外非政府组织忙于重复备案，给其造成不便。此外，重新备案的要求较为死板，未考虑到一些临时活动的特殊性。以周期性的助学金发放活动为例，这类活动内容固定、形式单一，要求其重复备案，既没有必要，又加重了境外非政府组织的行政负担。

二、实际执法中存在的问题

（一）业务主管单位缺失、消极怠慢

《管理法》第 34 条规定，公安部门会同有关部门制定境外非政府组织活动领域和项目目录，公布业务主管单位名录。然而，现行《境外非政府组织在中国境内活动领域和项目目录、业务主管单位名录（2019）》[①]（以下简称《名录》）未能涵盖所有类型的境外非政府组织。这使得某些境外非政府组织因无法找到业务主管单位而无法在中国境内合法有序开展活动，甚至成为"非法"组织，即使它们曾在《管理法》法生效前已在中国境内工作数年也无法幸免。[②]

此外，《名录》中规定的活动领域和项目目录过于概括，缺乏判断某一境外非政府组织是否属于相关单位主管的标准和认定程序。实践中，有关部门出于规避风险和责任的角度，常表现得消极怠慢，排斥成为业务主管单位。例如一家从事反家暴的境外非政府组织试图寻求妇联[③]作为业务主管单位，却遭到拒绝[④]。世界宣明会也表示，他们在多省注册的过程中遇到的最大挑战就

---

① 该《名录》为规范性文件，不具有法律拘束力。

② Tom Hancock, China law puts foreign NGOs under tighter control, https://www.ft.com/content/a61994da-3ec1-11e8-b7e0-52972418fec4, downloaded on 2 October 2020.

③ 《名录》规定有关妇女发展的境外非政府组织由妇联作为业务主管单位，然而对反家暴是否属于"推动妇女发展的活动"存在不同见解。妇联"负责组织、协调、指导、督促有关部门做好反家庭暴力工作"，而相关境外非政府组织却难以将其作为业务主管单位，这是不合理的。

④ 夏天：《2018 反家暴社会组织现状和需求报告》，https://china.asiafoundation.org/wp-content/uploads/2019/04/DV-CSO-Mapping-Report.pdf，最后访问日期：2020 年 9 月 28 日。

是找到业务主管单位并与之顺利接洽,这个过程耗费了他们大量的人力精力。①

(二)监管部门应急能力有待提高

"战胜关乎各国人民安危的疫病,团结合作是最有力的武器。"②应对新冠肺炎疫情的经验告诉我们,"在全球性突发事件、重大灾难面前,任何国家都不能置身其外,独善其身,全人类只有共同努力,才能战而胜之"③。境外非政府组织是民间国际合作的重要力量。以本次抗击新冠肺炎疫情为例,在中国疫情形式最为严峻的时期,比尔及梅琳达·盖茨基金会宣布向中国提供 500 万美元紧急赠款,并提供相应的技术和专家支持。④ 然而由于监管部门应急能力不足,境外非政府组织的此类捐助仍需按照常规审批备案手续进行。这令中国难以及时接受捐助以解"燃眉之急",也难以发挥境外非政府组织应有的"及时雨"作用。这不仅不利于我们团结一切可团结的力量应对灾害、事故等紧急情况,也会导致外界对中国开展国际合作的诚意产生疑问和动摇。

(三)资金入境审查过严

实践中,由于《管理法》对合法资金来源途径规定不明确,有关部门从维护国家安全的角度出发,在审查境外资金来源时慎之又慎,不会轻易将境外获得的资金认定为合法来源的资金。这导致很多在中国的境外非政府组织不能够合法使用来自境外的资金。⑤ 值得注意的是,严格的资金入境审查还存在其他意想不到的副作用,一些华人华侨对祖国的捐款,以及来自港澳台地区非政府组织的捐款也因为相同的规定无法入境。这损害了海外华人的捐赠热情,伤害了海外华人对祖国母亲的感情。对于那些不了解具体情况的民众而言,

---

① Gabriel Corsetti:《多省注册带来的挑战——专访世界宣明会中国区项目总监余文伟》,沈多加译,http://www.chinadevelopmentbrief.org.cn/news-19958.html,最后访问日期:2020 年 9 月 29 日。

② 习近平:《团结合作是国际社会战胜疫情最有力武器》,载《求是》2020 年第 8 期。

③ 习近平:《团结合作是国际社会战胜疫情最有力武器》,载《求是》2020 年第 8 期。

④ 吴刚:《盖茨基金会向中国提供 500 万美元紧急赠款以抗击肺炎》,载《人民日报》2020 年 01 月 28 日第 3 版。

⑤ Zhang Yu, Chinese NGOs receive less from overseas backers as new law stresses national security, https://www.globaltimes.cn/content/985341.shtml, downloaded on 2 October 2020.

此举还可能被认为中国"傲慢自大"，于中国的国际形象不利，于中国引领国际合作的外部舆论环境不利。

三、完善我国境外非政府组织管理立法

（一）及时完善配套规定

《管理法》作为上位法，不可能对境外非政府组织的方方面面作出详细规定，这就需要有配套法规、规章与其衔接，形成一个有序适配的法律管理体系。首先，应保证旧法与新法的协调一致。国务院及其相关部门应通过主动自检，修改或废除诸如《基金会管理条例》《外国商会管理暂行规定》等旧法中违反《管理法》的规定。其次，制定和出台一批新的行政法规或规章，对尚需明确、细化的问题作出有法律拘束力的规定。例如，通过行政法规对有关部门推诿卸责拒绝成为业务主管单位的相关问题作出规定。在境外非政府组织申请有关部门作为其业务主管单位时，如果有关部门认为境外非政府组织的活动领域并不属于本单位的主管范围，不得无理拒绝或久拖不决，在拒绝时必须说明理由。被拒绝的境外非政府组织收到拒绝理由后可以选择复议或行政诉讼。总的来说，应打通下位法与上位法之间的通道，更好的发挥两者之间的互动，构建完善的法律体系。

（二）明确合法资金来源途径

首先，明确"境外合法来源的资金"的定义和范围。本文认为应先对"境外合法来源的资金"的定义作出概括规定，然后辅之以非穷尽式列举立法，列出典型的境外合法资金来源以供执法机关理解把握。当然，还可以考虑采取"准入目录"或"负面清单"的模式。

其次，可以有条件放开对境外非政府组织及其代表机构不得在中国境内进行募捐的限制，并对其募捐活动进行监督。《管理法》从维护国家安全的角度出发禁止境外非政府组织在华募捐。这种从源头上禁止募捐的规定，对行政机关的管理而言固然是简单方便的。但募捐作为国际公认的非政府组织获取资金的主要方式不宜被全面禁止。执法机关可以以其他的方式对募捐活动进行管理，在维护国家安全的同时，保障境外非政府组织的活动。较为常见的替代性管理措施可以包括设置相对严格的募捐启动条件，如相关主体在华活动年限要求和遵纪守法情况考核，并加强对募捐的事中和事后监管。

最后,规定境外非政府组织在华代表机构可以接受捐赠。境外非政府组织代表机构在华登记设立,作为民事主体,理应具有接受捐赠的权利,如此规定也符合国际通行的做法。考虑到境外非政府组织对国家安全的特殊影响,可以在允许其接受捐赠的同时设置额外的附加条件。笔者认为在参照适用《中华人民共和国慈善法》《中华人民共和国公益事业捐赠法》及相关配套规定的基础上可以进一步要求,境外非政府组织在中国境内取得的捐款只能用于中国境内合法公益活动;在取得捐款时应主动向业务主管单位报备和接受审批等。

(三)完善临时活动备案制度

1.备案范围剥离设立代表机构的行为

《管理法》第9条规定:"境外非政府组织在中国境内开展活动,应当依法登记设立代表机构;未登记设立代表机构需要在中国境内开展临时活动的,应当依法备案。"然而,现实中,境外非政府组织在设立代表机构前的筹备设立行为,如聘请代理律师、开通网络服务、租用办公场地和设备等也被要求进行临时活动备案。这不仅模糊了设立代表机构和临时活动备案的界限,也不符合境外非政府组织设立代表机构的现实要求。实际上,应改由业务主管单位对其筹备设立行为的合法性进行审批,而无须将其作为临时活动进行备案。

2.建立"一站式"办事平台

立法可以规定相应机关负有便利境外非政府组织临时活动备案的义务,倒逼各地政府采取类似"政府办事大厅"的做法,或者在现有的"政府办事大厅"中明确增加境外非政府组织临时活动备案的工作职能,让境外非政府组织备案"只跑一次",从而减轻境外非政府组织的备案工作压力。

3.增设长期备案类型

一些境外非政府组织从事的工作往往有周期较长、重复性高的特点,这在支教项目、医疗援助项目、技能培训项目中较为常见。由于缺乏长期、周期性项目备案制度,境外非政府组织只能将一些活动按年度或其他时间拆分,违反了相关项目的活动规律。因此,应当在境外非政府组织的备案制度中增设"长期活动备案"这一行为备案制度。对于超过一年期限的活动和其他长期开展的活动,按照其活动的规律和特点,仅要求在活动开始前进行备案。此后以周期性备案和事后检查的方式进行管理。

四、提高我国境外非政府组织行政管理效能

(一)督促业务主管单位

鉴于有关部门推诿卸责拒绝成为业务主管单位,以及《名录》规定不全的问题,国务院及省级政府可以成立一个境外非政府组织业务督导办公室,负责督促有关部门依法作为,并为那些依据《名录》找不到业务主管单位的境外非政府组织提供便利和指引。同时,实践中还存在部分工作人员由于能力不足或主观抗拒而延缓处理相关事务,进而阻碍境外非政府组织在我国境内正常活动的情形。督导办公室还应负责对相关部门工作人员进行业务培训,增强其法律意识和现代化管理意识,使其在工作中能够依法办事,消除对境外非政府组织的主观偏见。

此外,国务院和省级政府可以设置考核机制应对业务主管单位推诿卸责、懒政怠政的问题。对境外非政府组织设立代表机构的申请,无论是已受理、不受理还是补正后受理的情况都进行登记,进而作为部门考核的指标之一。对那些处理得有理有据,合情合理的情况,应予以奖励;对于频繁拒绝境外非政府组织且无正当理由的情形,本级人民政府和上一级主管部门应对该部门进行批评教育并监督改正。

(二)完善紧急状态应对

尽管《管理法》第 17 条规定在赈灾、救援等紧急情况下,需要开展临时活动的,备案时间不受提前 15 日备案的限制。但是在抗击新冠肺炎疫情的过程中,仍然出现了部分海外的捐款入境受阻的情况。为了打消各监管部门的顾虑,让《管理法》第 17 条的立法目的得以真正实现,本文建议,在发生紧急情况时,由国务院发布通知,敦促各业务主管单位在限定时间内处理捐款入境的活动申请,以便让境外资助及早到位,帮助我国更好地渡过难关。

此外,因监管部门应急能力不足,法律对临时活动的定义过于宽泛,紧急状态下境外非政府组织备案工作的压力甚至高于紧急事件本身。对此,在紧急情况下,可以在"政府办事大厅"开设绿色通道紧急审批境外非政府组织的捐助入境申请。这样不仅极大减轻境外非政府组织的备案工作压力,也有利于监管部门之间交换意见、形成共识,快速应对和处理。

(三)打通资金入境通道、加强资金使用监管

实践中,行政机关对境外非政府组织自境外取得的资金审查过严,导致境外合法资金不能进入中国,令那些真正有益于我国发展的境外非政府组织开展活动受阻。为了维护国家安全便对境外资金关门闭窗的做法,不符合国家治理体系和治理能力现代化的要求。因此,应允许合法资金入境,同时加强对资金使用的事中和事后监管。

首先,对境外非政府组织进行信用分级,并按照不同等级适用不同的资金入境审查标准。对信用异常或违反管理规定的境外非政府组织进行异常信息通报,并对其适用更严格的资金入境审查标准,甚至不予其资金入境。其次,在打通资金入境通道的同时,必须进一步加强对资金使用的事中、事后监管,以避免对国家安全造成不利影响。《管理法》规定了较为严格的资金使用规范,加强资金使用的事中、事后监管可以从加强社会监督入手。例如要求境外非政府组织向社会公示各项活动的方案和资金预算、决算,由人民群众和新闻媒体监督其实施和落实。同时,应建立一个受理举报的统一平台,如设置全国统一的电话热线或者网络举报入口,并定期公示进度进展,令社会监督能够进一步发挥作用。

结 语

境外非政府组织在国际事务中表现较为活跃,能够影响和引导国际舆论,对一国软实力的塑造有重要的影响。尤其是少数受到国际普遍认可的境外非政府组织,甚至可以影响其他国家的对华态度和政策。而我国现行管理机制令部分境外非政府组织"望而却步"或"知难而退",导致它们对中国的管理体制和机制产生偏见或误解。这不利于中国国际形象的塑造和对外交往,同时也不利于中国国家治理体系和治理能力现代化的建设。

因此,在维护国家安全的大前提下,需要完善立法、优化执法,构建科学有效的法律管理机制,改善对境外非政府组织的管理。这不仅是对习近平法治思想的基本遵循,是提高国家治理体系和治理能力现代化的应有之义,也与在"一带一路"框架下展开国际合作、构建"人类命运共同体"的理念相契合。

Research on the Legal Governance of Overseas Nongovernmental Organizations under XiJinping's Rule of Law Thought
—Centered on the "Law of the People's Republic of China on Administration of Activities of Overseas Nongovernmental Organizations in the Mainland of China"

Quan Xiaolian　Wu Yixiang

Abstract:The Law of the People's Republic of China on Administration of Activities of Overseas Nongovernmental Organizations in the Mainland of China, which came into effect in 2017, is the core of China's legal administration of Overseas NGOs. Since the implementation of the Law, China's legal governance of Overseas NGOs has achieved remarkable results in safeguarding national security and guaranteeing social stability. However, the law also exists that the supporting regulations are lagging behind, some legal provisions are unclear and the provisions on funds and temporary activities are too biased towards supervision and restrictions. In addition, in the process of implementing the law, the administrative authorities have been passive and/or ineffective in enforcing the law, which to a certain extent hindered the activities of Overseas NGOs in China. To address these problems, under the guidance of Xi Jinping's Thought on the Rule of Law, in order to promote the modernization of the national governance system and governance capacity, relevant legislation should be improved, administrative law enforcement should be optimized, and institutional innovation should be carried out in key areas such as the review of funding sources and uses, the filing of temporary activities.

Key words:Overseas Nongovernmental Organizations; Law of the People's Republic of China on Administration of Activities of Overseas Nongovernmental Organizations in the Mainland of China; Review of Funds; Record of Temporary Activities

国内法治和涉外法治统筹建设的美国经验及对我国的启示*

谢小庆**

摘要：美国统筹推进国内法治和涉外法治的核心目的是有效维护美国国家利益，其主要做法是扩张国内法的管辖权，确立并运作攻击性的管辖权制度，把国内法用作维护自身利益的常用手段。美国统筹推进国内法治和涉外法治的实践主线是创造并保持国际法与本国法律制度相对于其他国家的优势，同时提高法治的运用能力，确保法治手段使用的有效性。一方面，这种优势是通过制定于己有利的法律规则创造的，它是美国有效运用法治方式维护自身利益的前提；另一方面，这种优势是通过保持强大的法律实施能力维系的，它是美国能够有效运用法治方式维护自身利益的关键。

关键词：美国；国内法治；国际法治；管辖权

2020 年 11 月 16 日至 17 日，党中央在北京召开了新中国成立以来第一次"中央全面依法治国工作会议"，会议最重要的成果是提出了"习近平法治思想"，把习近平法治思想确立为全面依法治国的根本遵循和行动指南。习近平法治思想内涵丰富、论述深刻、逻辑严密、系统完备。就其主要方面来讲，就是习近平同志在中央全面依法治国工作会议重要讲话中精辟概括的"十一个坚持"。这"十一个坚持"不仅为我们指明了全面依法治国的前进方向，还擘画了

* 本文系 2017 年度教育部人文社会科学研究规划青年基金项目"全球治理背景下中国有效参与国际规则制定研究"（17YJCZH070）、2018 年度国家法治与法学理论研究项目中青年课题"构建人类命运共同体与有效推动国际法律秩序变革的途径研究"（18SFB3049）、2018 年度重庆市教育委员会人文社会科学研究项目"构建人类命运共同体与有效推动国际法律秩序变革研究"（18SKSJ012）的阶段性成果。

** 谢小庆，西南政法大学国际法学院副教授，法学博士。

全面依法治国的战略重点。其中,第九个坚持是要坚持统筹推进国内法治和涉外法治。从实现这一重点任务出发,我们迫切需要借鉴国外统筹推进国内法治和涉外法治的有益经验。诸多事实表明,美国在统筹推进国内法治和涉外法治方面成效显著,实践丰富,能力技术高超,且是最频繁运用法治手段威胁我国的国家。所以,本文拟对统筹推进国内法治和涉外法治的美国经验进行初步探讨和研究。

一、着眼于扩张国内法的管辖权,有效维护美国国家利益

习总书记强调,要加快涉外法治工作战略布局,协调推进国内治理和国际治理,更好维护国家主权、安全、发展利益。要强化法治思维,运用法治方式,有效应对挑战、防范风险,综合利用立法、执法、司法等手段开展斗争,坚决维护国家主权、尊严和核心利益。可以说,有效维护国家主权、安全和发展利益是统筹推进国内法治和涉外法治的主要目的。这亦是美国统筹推进国内法治和涉外法治的核心目的。美国在这方面的主要做法是扩张国内法的管辖权,确立并运作攻击性的管辖权制度,把国内法用作维护自身利益的常用手段。

在美国于二战后全面崛起取得全球霸权之前,美国从保护自身利益出发,严格遵循属地管辖原则。美国联邦最高法院依据国际法来维持对司法管辖权的属地限制,在其 1860 年代对彭诺耶诉内夫(Pennoyer v. Neff)一案的经典性判决中得到淋漓尽致的表现。在该案中,最高法院根据其所谓有关独立国家管辖权的公认公法原则,在确定国际法对管辖权的限制内容方面,最高法院援引了当时著名的国际法论著,特别是斯托里的《冲突法评论》一书。从这些权威论著中,最高法院推导出国际法的三项原则:第一,每个国家对其领土范围内的人和物具有专属管辖权;第二,任何国家都不能对位于其领土之外的人或物直接行使管辖权;第三,一国法院的诉讼程序不能与另一国家的领土主权相冲突。上述三项原则要求,只有在被告于一国领土范围内接受送达或自愿出庭的情况下,该国法院方可对其行使管辖权。及至 20 世纪上半叶,美国法院在行使司法管辖权时,均大体遵循了上述三项原则。不仅如此,美国还一贯反对大国在其领土范围之外行使司法管辖权。美国国务院曾向外国政府多次提出外交抗议,反对外国法院违反国际法对美国公民行使管辖权。但在美国崛起为全球霸主之后,为配合对外扩张需要,美国在立法管辖权上转而推行治外法权,单方面赋予自己的立法以域外效力;在司法管辖权上,奉行所谓"最低限度联系"标准,甚至将外国当事人在法院地境内的短暂停留作为行使管辖权

的根据,极力扩大司法管辖权的范围。在管辖权问题上,美国极少考虑国际法对各国管辖权的限制。在国家主权豁免方面,虽然表面上奉行国家主权豁免原则,但又通过规定大量的例外情况,实际上把限制豁免尊为原则,而将主权豁免视为例外。① 其中,集中体现这种扩张型管辖权制度的是作为美国对外制裁依据的一系列法律,特别是《赫尔姆斯—伯顿法》和《达马托法》。② 《赫尔姆斯—伯顿法》即《古巴自由民主团结法》(LIBERTAD),它禁止任何外国人和外国公司与古巴政府从事经贸活动,只要该交易涉及被古巴政府征收的美国人财产,即使这些外国公司并非美国人拥有或控制也不例外。它还赋予被征收财产的美国公民一个私人诉因,可以对该法所规定的外国人提起私人诉讼,要求美国法院判决该外国人赔偿。同时,由于它对"非法收购"的定义非常宽泛,从而使得全世界任何国家的人都有可能受到该法的追究,只要该人牵涉到被古巴征收的财产的商业活动。这不啻于让这项美国的国内法成为各国人民都必须遵守的世界法,令美国法院成为可以审判各国人民的世界法院。《达马托法》在立法意旨上与《赫尔姆斯—伯顿法》异曲同工,甚至有过之而无不及。《赫尔姆斯—伯顿法》所针对的还仅仅是其他国家国民购买被古巴政府征收的美国人财产的行为,而《达马托法》则完全禁止任何其他国家国民向伊朗和利比亚能源领域的投资,只要投资额超过一定限度,美国就要给予制裁,而根本不考虑这些投资行为与美国有没有任何联系。它直接规定,"任何人"都不得向伊朗和利比亚的石油领域投资超过 4000 万美元,否则就要受到该法规定的处罚。此处的"任何人"针对的只是外国人,而且包括该人的继承人、母公司和子公司以及分支机构。如果说在《赫尔姆斯—伯顿法》中,美国法院被赋予的义务主要还是保护美国国民的利益的话,那么《达马托法》赋予美国总统的则是一项"世界警察"职责,他可以在世界范围内要求任何人遵守美国的法律。

---

① 张茂:《美国国际民事诉讼法》,中国政法大学出版社 1999 年版,第 51～52 页、第 312～313 页。

② Vaughan Lowe,US Extraterritorial Jurisdiction:The Helms-Burton and D'Amato Acts,*International and Comparative Law Quarterly*,1997,Vol. 46,pp. 378-390;Andreas F. Lowenfeld,Agora:The Cuban Liberty and Democratic Solidarity (LIDERTAD) Act,*American Journal of International Law*,1996,Vol.90,p.419.

二、在敢于善于运用法治的实践中积累提高统筹推进国内法治和涉外法治的能力和水平

习总书记指出,"中国走向世界,以负责任大国参与国际事务,必须善于运用法治。在对外斗争中,我们要拿起法律武器,占领法治制高点,敢于向破坏者、搅局者说不"。[①] 统筹推进国内法治和涉外法治必须将法治更深刻地嵌入对外关系的方方面面,在敢于善于运用法治维护国家主权、安全和发展利益的过程中积累提高统筹推进国内法治和涉外法治的能力和水平。这正是美国的一贯做法,并使得美国成为最频繁地以国内法为手段威胁他国,维护自身利益的国家。2001 年,美国前副总统切尼(Cheney)曾公开承认,世界上约 70 个国家受到美国的经济制裁,约占全世界 2/3 的人口。[②] 另据学者统计,自一战后到 2000 年,国际上共发生了 174 起国际经济制裁事件。其中美国单独或与其盟国联合实施了 109 次经济制裁,占到了总数的 62.6%。[③]

此外,国际法从来都是美国对外关系法的重要内容。《美国对外关系法重述》明确写道,重述"包括适用于美国与其他国家之间关系的国际法和对美国对外关系有实质影响或有其他重要国际影响的国内法"。[④] 所以,美国统筹推进国内法治和涉外法治的实践也体现为美国最频繁地运用国际法手段维护自身利益。这突出反映在美国对各类国际争端解决机制的积极有效参与和运用方面。以仲裁为例,在 19 世纪组建的仲裁庭中,美国参与了将近 1/3,这一比例稍高于作为当时世界霸主的英国。[⑤] 在这些仲裁中,总体上美国的胜诉率

---

① 习近平:《加强党对全面依法治国的领导》,载《求是》2019 年第 4 期。

② Richard B. Cheney, Defending Liberty in a Global Economy, in Solveig Singleton and Daniel T. Griswold, ed., *Economic Casualties*:*How U. S. Foreign Policy Undermines Trade*,*Growth and Liberty*, Cato Institute, 1999, p.23.

③ [美]霍夫鲍尔等:《反思经济制裁》,杜涛译,上海人民出版社 2011 年第 3 版,第 23~46 页。

④ Benedict Tai, A Summary of the Forthcoming Restatement of the Foreign Relations Law of the United States (Revised), *Columbia Journal of Transnational Law*, 1985—1986, Vol.24, p.678.

⑤ Helen May Cory, *Compulsory Arbitration of International Disputes*, Columbia University Press, 1972, p.12.

颇高,据统计,在美国参与的 83 件仲裁案中,52 项裁决支持美国,胜诉率达 62.7％。① 在世界贸易组织受理的案件中,美国同样是最经常的参与者。截至 2009 年,美国以起诉方或被诉方的身份出现在 200 件案件中,排名第一,紧随 其后的是欧共体 147 件,再其次是加拿大 48 件,远不及美国。② 正是由于美 国在运用国际法手段维护自身利益方面过于频繁和典型,有学者识别出美国 依凭实力维系霸权的获益方式与以往的霸权国家具有本质区别,亦即,以往帝 国维系霸权的方式通常是分别直接针对各对象国采取单边控制,世界霸权以 霸主与诸多国家之间的双边关系集合方式体现。美国则独特地开创了一套国 际法多边规则体系,更多通过多边渠道建立相互交织的规则网络,对体系内国 家进行间接控制和价值观的同质化。美国是一个依靠规则力量维系的“帝 国”,主导并扩张于已有利的全球规则,是美国实现自身目标最重要也最有效 的途径。美国的价值诉求和现实利益目标的实现高度、敏感依赖于其对国际 规则制定权的主导,以及这些规则适用范围的扩展。③

因此,无论是就国内法而言,还是就国际法来说,美国都是将它们用作维 护自身利益的手段的最频繁和最典型的国家,它在这方面所积累的实践是最 丰富的。美国正是通过这些大量的运用实践锻造了统筹推进国内法治和涉外 法治的高超能力和水平。

三、创造并保持国际法与本国法律制度相对于其他国家的 优势是统筹推进国内法治和涉外法治的重点

美国之所以频繁运用国际法和本国法维护自身利益,主要源于在把国际 法和本国法作为手段运用方面,美国相对其他国家具有巨大优势。美国统筹 推进国内法治和涉外法治的实践主线就是创造并保持国际法与本国法律制度 相对于其他国家的优势,同时提高法治的运用能力,确保法治手段使用的有 效性。

---

① Frederic L. Kirgis, *The American Society of International Law's First Century 1906—2006*, Martinus Nijhoff, 2006, p.5.

② Raj Bhala and David Gantz, WTO Case Review 2009, *Arizona Journal of International and Comparative Law*, 2010, Vol.27, p.90.

③ 张宇燕、高程:《美国行为的根源》,中国社会科学出版社 2015 年版,第 171～ 173 页。

美国国内法律制度相对于其他国家的优势是至为明显的。如前所述,随着无限扩张的攻击性管辖权制度的确立,只要美国有意愿,它总可以找到国内法的依据对其他任何国家及其组织或个人进行管辖,而其他大多数国家的法律制度尚没有发展到这一步,至少没有美国的管辖权制度如此繁密和完善。这就让美国在实施管辖权的法律根据方面居于绝对优势。

和美国国内法一样,现行国际法的很多内容也赋予了美国相对于其他国家的诸多优势。[①] 这种优势缘于构成现行国际法的大多数重要规则制定于二战结束前后的几年,当时,是美国领导从事了维持至今的国际秩序的构建。美国不只是促进开放的、以规则为基础的秩序,它还成为这种秩序的霸权型组织者和管理者。[②]而按照国际关系现实主义学者米尔斯海默(Mearsheimer)的逻辑,国际体制基本上反映了国家实力在世界上的分配,它建立在主导国家对自身利益的计算之上。现存的国际规则主要表达了作为支配性大国的美国的国家利益。[③]另按照美国著名国际法学者亨金(Henkin)的观点,存在所谓国际法制定的政治学,国际法是由民族国家组成的国际体系中的法律,它必然要回应该体系中的各种政治、经济势力,并由这些势力塑造而成。[④]这些理由导致美国通过现行国际法获得了相当大的权力优势地位,此即"规则权力",或曰"规则霸权"。

奈(Nye)深刻揭示了这种权力的性质和作用机理,这种权力是一种同化性权力,是一个国家营造一种状况的能力,通过营造这种状况,其他国家按照符合其利益的方式来形成自己的偏好或定义自己的利益需求。这种类型的权力从国际社会的规则等因素中产生并逐渐增强。美国相比其他国际体系内的

---

① 这种优势的具体例证可参见李巍:《制度之战:战略竞争时代的中美关系》,社会科学文献出版社 2017 年版,第 65~75 页;高程:《新帝国体系中的制度霸权与治理路径——兼析国际规则"非中性"视角下的美国对华战略》,载《教学与研究》2012 年第 5 期。

② [美]约翰·伊肯伯里:《自由主义利维坦:美利坚世界秩序的起源、危机和转型》,赵明昊译,上海人民出版社 2013 年版,第 2 页。

③ John J. Mearsheimer, The False Promise of International Institutions, *International Security*, 1994, Vol.19, No.3, pp.5-49; Kenneth N. Waltz, Structural Realism after the Cold War, *International Security*, 2000, Vol.25, No.1, pp.5-41.

④ [美]路易斯·亨金:《国际法:政治与价值》,张乃根等译,中国政法大学出版社 2005 年版,第 1 页。

国家而言,具有更大的同化性权力。① 通过主导建立的规则制度,美国一方面将自己的商业和文化观念、整体结构和组织原则嵌入其中,最大限度地保持了国内秩序与国际秩序的一致性,其意义在于极大地降低了美国国内秩序要适应国际规则进行改变的必要性和实际效果,使美国国内秩序在面对国际法时拥有了"金刚不坏之身",别国几无可能仅根据国际规则即要求美国实质性地改变国内政策和法律。另一方面,美国可以以合乎法律的方式影响和改变其他国家界定和追求自身利益以及理解自身行为的方式,这种改变只可能有利于美国而不会相反,否则即会违法。正如张宇燕和高程所指出的,美国通过建立国际规则并以此维持国际秩序,与体系之间形成了"共容利益"。作为主导国,美国通过维系庞大的国际规则网络的运转,可以获得最大份额的收益。"共容利益"推动美国对于发生在其境外的国家乃至个人之间的交易行为施加制度影响,在国家相互往来的各个角落投射美国的价值观和规矩,为远超出其直接军事势力范围的多边交易活动提供制度性的基础结构。② 概言之,在很大程度上,现行国际法对于美国维护自身利益是刀枪不入之盾,对于美国威胁他国利益则是无往不利之剑。所以,这种规则优势使得美国往往能够并常常乐意"公器私用",把国际法用作维护自身利益的有效手段。

四、确保实施法律的能力强于其他国家是统筹推进国内法治和涉外法治的关键

如果说确保法律内容于己有利,在规则本身方面拥有相对他国的优势是统筹推进国内法治和涉外法治的重点的话,那么确保实施法律的能力强于其他国家则是统筹推进国内法治和涉外法治的关键。这是因为,法律内容本身再有利于己,赋予自己再大的权力优势,也只是纸上的权力和优势。法律的效力必须通过法律的实施来体现。法律实施的过程就是保障法律所规定的权利义务予以适用和实现的过程。一个法律体系如若不具备相应的实施机制,势将形同虚设,不成其为法。在这一点上无论是国内法还是国际法都遵循此道,

---

① 〔美〕约瑟夫·S.奈:《美国注定领导世界? 美国权力性质的变迁》,刘华译,中国人民大学出版社 2012 年版,第 161 页。

② 张宇燕、高程:《美国行为的根源》,中国社会科学出版社 2015 年版,第 173 页。

虽然它们的实施机制大相迥异。①

就国内法来说,如前所述,随着无限扩张的攻击性管辖权制度的确立,只要美国有意愿,它总可以找到国内法的依据对其他任何国家及其组织或个人进行管辖,但这实际上只是确立了纸面上的管辖权,如果没有相匹配的实施法律的能力的话,这样的管辖权是不能有效维护自身利益的,换言之即"唬不住人的纸老虎"。因此,美国不仅在行使国内管辖权的法律根据方面居于绝对优势,而且实施国内管辖权的能力也是罕有其匹。尚在持续中的孟晚舟事件是美国拥有超乎寻常的实施国内管辖权能力的明证,指控孟晚舟相关罪名的依据无疑是美国国内法,但对她进行扣押,进行实际管辖却是发生在美国之外的加拿大国土上,这对于其他大多数国家是很难做到的。在此,确保美国强大实施国内管辖权能力的是其广泛的配合实施国内管辖的国际合作网络。管辖权的确立和实施是两个性质不同的问题,国家有权基于某一原则确立自身的管辖权,其主要是理论问题,确立某一管辖权之后的实施则是实践操作问题。如果要将确立的管辖权演变为现实,启动并完成实质性的指控程序,会在实践层面涉及很多实际问题,诸如本国能否到犯罪所在国进行实际调查、所在国是否配合、犯罪嫌疑人能否被成功地引渡至本国等,而这些问题的解决都取决于他国能否提供本国以有效的合作,离开了这种国际合作,管辖权的实施就是一句空话。② 而美国恰恰建立了以引渡及司法协助为主要形式的极其广泛的管辖权实施国际合作关系。20 世纪以来,特别是二战后,随着跨国犯罪的增多,美国深感建立广泛的国际司法合作关系的必要性,极力推动与其他国家签订引渡或司法协助条约,最大限度地确保本国管辖权的有效实施。③ 截至目前,据不完全统计,美国已与全球 110 个国家缔结了引渡条约④,是世界上对外缔结引渡条约最多的国家之一。绵密的引渡及司法协助条约网络是美国拥有极强的国内法实施能力的重要保障。

如果说,构建广泛的以引渡及司法协助条约为主要载体的配合实施国内

---

① 饶戈平:《国际组织与国际法实施机制的发展》,载《中国国际法年刊》(2011 年卷),第 11 页。

② 宋杰:《国际法中普遍性法律利益的保护问题研究——基于国际法庭和国家相关实践的研究》,中国人民大学出版社 2012 年版,第 153～154 页。

③ 郑勇:《美国、瑞士刑事司法协助条约的签订与内容》,载《比较法研究》1988 年第 4 期。

④ List of United States extradition treaties,https://en.wikipedia.org/wiki/List_of_United_States_extradition_treaties,visited on December 13,2020.

管辖的国际合作网络是美国拥有独步天下的国内法实施能力的重要保障的话,美国作为全球霸主的强大实力则是使其独享这种实施能力的根本保障。权力对美国实施能力的支撑显明地体现在美国对外进行的金融制裁中。如前所述,美国是世界上以实施国内法为由对外实行制裁最频繁的国家,其中即包括金融制裁。美国亦是当前全球金融制裁发起最为频繁、到位的国家;其他国家或经济体发起或试图发起金融制裁,也只有得到美国的支持才具有制裁意义。也就是说,只有美国具有发起金融制裁的基本条件,这是与当前美国和美元所拥有的国际货币金融体系中心地位相吻合的,体现的是美国相较其他国家的不对称金融权力。在冷战结束后,美国成为世界上唯一的超级大国,其军事、科技、经济实力都遥遥领先于世界其他国家。而以美元为基础的国际货币金融体系不但未能随布雷顿森林体系的崩溃而终结,反因为美国在信息革命和冷战中的胜利而得到了巩固和加强,这赋予美国超过其他任何一国的雄厚金融实力。这种实力主要体现为美国在国际金融体系中占据重要且不可替代的地位,美元几乎是唯一的国际货币,美国控制着全球货币结算网络和全球最重要的支付货币系统,美国是全球最大的进口市场,还拥有全球最广最深的金融市场,其他国家的任何金融机构离开了美国,都无法行动自如。这种严重不对称的金融实力使得美国成为唯一能够有效实施金融制裁的国家。除美国外,其他国家虽然也可发起金融制裁,但制裁要有效实施,取得预期效果,必须要有美国的配合。例如,当美国在 2011 年决定参与欧盟对利比亚的金融制裁后,利比亚卡扎菲政权的金融运转方才开始急转直下。其中的原因就在于,如果没有作为国际支付货币和交易媒介的美元作为支持,任何金融制裁都收效甚微。所以,在当今的全球体系里,只有美国有能力发动并有效实施金融制裁,其他任何的发展中国家甚至是发达国家,都没有能力凭一己之力有效实施任何金融制裁。[①]

而在国际法的实施方面,美国同样拥有超强的实施能力。国际法的实施是指为使国际法规则发生效力或在社会生活中得以实现而采取的各种措施,其中既有义务主体自身的实施措施,也可能包括来自他方的强制性措施。在传统国际法上,国际法的实施保障基本上是基于一种单边的"自助"体制。在一项国际义务遭到违反的情形下,主权国家通常可以自由地以他们认为合适的方式来维护自己的权利,包括诉诸战争和采取武力报复等一些强制性手段。

---

① 徐以升、马鑫:《金融制裁:美国新型全球不对称权力》,中国经济出版社 2015 年版,第 71～74 页。

当代国际法上的许多实施行为或措施仍然保留在那些自认为其权利遭到侵犯的国家自己手中。而在不涉及使用武力的范围内，反措施则逐渐成为国家单边实施国际法的一个重要机制或手段。反措施作为当代国际法原则上所能接受的一种法律实施机制或手段，实际上是从传统国际法上的一些单边自助措施演变而来的，它本质上仍然属于一种私力救济措施。同国际法上其他一些自助形式一样，反措施允许所谓国际不法行为的受害国自行判断法律是否遭到了违反，其权利是否受到侵犯以及应作出何种程度的反应。因此反措施在当代国际法理论和实践上虽然得到一定程度的接受或认可，但作为一种法律实施手段，它在实践中往往会导致不公平的结果。亦即，其实际运用显然有利于强国和富国而不利于弱国和穷国，实力强大的国家能更为容易地采取单边反措施，而弱小国家或者完全不能作出反应或只能作出一种无效的反应。[1]因此，国际法的单边实施制度本身就决定了像美国这样的大国拥有强于其他国家的制度层面的实施能力。而美国的现实权力和实际作为则把这种制度优势转变成了事实层面的实施优势。以使用武力为例，根据美国官方数据统计，自1990年至2003年间，美国在各种军事对抗和潜在冲突等非和平的形势中在海外使用武力的次数高达100次之多。[2]这一数量远远高于任何其他国家。[3]超强的综合实力奠定了其对外动武的物质基础，绝对的军事优势又增加了其获得成功的可能性，这使得美国毫无疑问是当今世界最有能力通过诉诸战争和采取武力报复方式单边有效实施国际法的国家。

结　语

　　美国统筹推进国内法治和涉外法治的核心目的是有效维护美国国家利益，其主要做法是扩张国内法的管辖权，确立并运作攻击性的管辖权制度，把国内法用作维护自身利益的常用手段。美国统筹推进国内法治和涉外法治的实践主线是创造并保持国际法与本国法律制度相对于其他国家的优势，同时

---

　　① 江国青：《反措施与国际司法：变化中的国际法实施机制》，载《中国国际法年刊》（2008年卷），第73～100页。

　　② Richard F. Grimmett, *Instances of Use of United States Armed Forces Abroad*, 1798—2006, CRS Report for Congress, January 8, 2007, pp.20-37.

　　③ Ivo Daalder and Robert Kagan, America and the Use of Force: Souces of Legitimacy, http://www.stanleyfoundation.org/publications/other/DaalderKagan07.pdf, visited on December 13, 2020.

提高法治的运用能力,确保法治手段使用的有效性。一方面,这种优势是通过制定于己有利的法律规则创造的,它是美国有效运用法治方式维护自身利益的前提;另一方面,这种优势是通过保持强大的法律实施能力维系的,它是美国能够有效运用法治方式维护自身利益的关键。正是这两方面确保了美国既有技术领先的法律工具,又有实施法律规定令其变现的不对称能力,故而美国往往能有效运用法治手段在对外关系中实现自己的预期目的。

The US Experience in Taking a Coordinated Approach to Promoting the Rule of Law at Home and in Matters Involving Foreign Parties

Xie Xiaoqing

Abstract:The core purpose of the United States to take a coordinated approach to promoting the rule of law at home and in matters involving foreign parties is to effectively safeguard the national interests of the United States, its main approach is to expand the jurisdiction of domestic law, establish and operate the offensive jurisdiction system, and use domestic law as a common means to safeguard their own interests. The practice of the United States to take a coordinated approach to promoting the rule of law at home and in matters involving foreign parties is to create and maintain the advantages of international law and its own legal system over other countries, while improving the ability to use the rule of law to ensure the effectiveness of the use of legal means. On the one hand, this advantage is created by formulating favorable legal rules, which is the premise for the United States to effectively use the rule of law to safeguard its own interests; On the other hand, this advantage is maintained by maintaining a strong ability to enforce the law, which is the key to the effective use of the rule of law in the United States to safeguard its own interests.

Key words:United States;Rule of Law at Home;Rule of Law in Matters Involving Foreign Parties;Jurisdiction

中国参与海洋环境保护国际治理的思考[*]

何 琴[**]

摘要:全球海洋环境正在遭受人类活动所导致的巨大挑战和威胁。深度参与海洋环境保护国际治理并推动治理体系变革,既是中国应对自身海洋环境问题的现实需要,也是实现"构建人类命运共同体"宏伟目标的重要路径。以1982年《联合国海洋法公约》为核心的国际海洋环境治理体系在应对海洋环境问题方面起到了积极的作用,但由于存在种种缺陷,已不能完全满足当下的治理要求。作为人类命运共同体的重要构成和延伸,海洋命运共同体理念为中国参与海洋环境保护国际治理并推动治理体系变革提供了方向和路径。同时,在海洋环境保护国际治理中,中国应始终坚持共同但有区别责任原则,维护中国的主权和核心发展利益。

关键词:海洋环境保护;国际治理;海洋命运共同体;共同但有区别责任原则

海洋覆盖了约71%的地球表面,它不仅是生命繁育的摇篮,其蕴藏的丰富自然资源也为世界各国提供了赖以生存的物质基础和可持续发展的战略支撑,优良的海洋环境在地球生态系统中占有重要地位,是各种自然资源形成的基本条件,对人类社会的生存和发展具有非常重大的意义。然而,自20世纪下半叶以来,随着科学技术的发展和人类活动的加剧,海洋资源无序和过度开发、陆源污染物大量排放、气候异常变化导致海洋酸化、漏油溢油事故等灾害对海洋环境造成了巨大的破坏。污染加剧、海洋生物多样性降低和海洋灾害

* 本文系2018年重庆市社会科学规划项目"南海争议海域渔业资源开发养护合作机制研究"(项目编号:2018PY99)的阶段性研究成果。

** 何琴,西南政法大学国际法学院讲师、海洋与自然资源法研究所秘书长,法学博士。

频发等问题已严重制约了全球生态环境的可持续发展。保护和修复海洋环境,维护海洋的生态平衡已经成为全人类需要共同面对的一个严肃而迫切的问题。

改革开放以来,中国在海洋环境治理方面积累了丰富的制度成果和实践经验。中国早在 1982 年《联合国海洋法公约》(以下简称《公约》)问世时就通过了《海洋环境保护法》,并经过了多次修订和修正。21 世纪以来,中国制定和修正了多部涉及海洋环境保护的法律,并积极参与海洋环境治理的国际合作。2012 年,党的十八大报告明确提出了"提高海洋资源开发能力,发展海洋经济,保护海洋生态环境,坚决维护国家海洋权益,建设海洋强国"的目标。习近平同志在 2019 年 4 月举行的"中国人民解放军海军成立 70 周年"活动讲话中首次提出了"海洋命运共同体"这一重要理念,更是将海洋开发利用和环境治理提升到关乎人类共同安危和福祉的高度。

2020 年 11 月,在中央全面依法治国工作会议中,习近平同志对当前和今后一个时期推进全面依法治国要重点抓好的工作作出了"十一个坚持"的要求,明确指出要"坚持统筹推进国内法治和涉外法治"。[①]习近平法治思想这一重要内涵对通过法治建设推动国际海洋环境治理变革具有指导意义。本文拟从习近平法治思想的指导意义出发,分析现有国际海洋环境治理体系面临的挑战和中国的机遇,探讨中国参与国际海洋环境治理的理念与原则。

一、习近平法治思想对推动国际海洋环境治理变革的指导意义

国际海洋环境问题虽然并非传统的主权和安全问题,却对人类社会的生存与可持续发展具有重要意义,它既可以防范各种海洋环境问题带来的风险,也可以维护国家的安全与发展利益。而海洋环境的治理并非个别国家可以实

---

① "坚持统筹推进国内法治和涉外法治"具体包括"一、加快涉外法治工作战略布局,协调推进国内治理和国际治理,更好维护国家主权、安全、发展利益;二、强化法治思维,运用法治方式,有效应对挑战、防范风险,综合利用立法、执法、司法等手段开展斗争,坚决维护国家主权、尊严和核心利益;三、推动全球治理变革,推动构建人类命运共同体"。参见《习近平在中央全面依法治国工作会议上强调坚定不移走中国特色社会主义法治道路为全面建设社会主义现代化国家提供有力法治保障》,http://www.npc.gov.cn/npc/c30834/202011/9b140ef7e5834c35a5eca054b6b37f98.shtml,最后访问日期:2020 年 12 月 13 日。

现，它离不开全人类的共同努力，相较于传统安全领域更容易达成国际间的共识，具有全球治理的现实基础。然而由于国际社会成员参与国际海洋治理的能力、地位和动机不一致，导致国际海洋环境治理并不完善。协调推进海洋环境的国内和国际治理，为国际社会提供先进的法治理念，可以成为中国贡献给国际社会的一种无形海洋公共产品，也是我们推动国际海洋治理变革、构建海洋命运共同体的重要路径。

国内治理和国际治理是相互作用和促进的并行治理过程。[①]一方面，国内治理海洋环境的良好效果可以促使国家努力构建良善的国际治理制度，进而逐步塑造公正且有效的国际治理模式。另一方面，海洋环境国际治理形成的制度推动着不同治理能力的国家国内治理建设的完善和进步。国际治理能形成国际法主体之间的理性对话机制，促进国家间的合作，解决国内治理不平衡的矛盾，是维护国际社会良好秩序的有效途径。[②]中国的海洋环境治理需要紧跟国际海洋环境治理的动向，在现有治理成果上探寻个性化的治理模式对国际治理的影响，适时地表达自身的治理诉求。

在推动全球治理变革和构建海洋命运共同体的视野下，随着中国政治、经济实力的提升，中国应当在参与国际海洋环境治理中树立全球海洋公共产品主要供给者的角色定位，逐渐获得更多的国际话语权。对中国而言，积极参与国际海洋环境治理是中国在和平发展道路中树立负责任大国形象、对抗"中国霸权论"或"中国威胁论"的有利展示。[③]同时，探寻国际海洋环境治理的规律、道路能够增强我国的国际竞争力和全球治理能力，对维护国家的主权、安全、发展利益具有现实意义。

二、国际海洋环境治理体系的中国参与：挑战与机遇

作为全球治理组成部分的海洋环境治理体系，是以国际法基本原则为指导，以《公约》为核心构建而成的，涵盖了众多的法规制度。《公约》虽然对国际

---

① 赵骏：《全球治理视野下的国际法治与国内法治》，载《中国社会科学》2014 年第10 期。

② 何志鹏：《国际法治何以必要——基于实践与理论的阐释》，载《当代法学》2014 年第2 期。

③ 何志鹏：《国际法治何以必要——基于实践与理论的阐释》，载《当代法学》2014 年第2 期。

海洋治理起到了积极作用,但是作为折中和妥协的产物,在实施多年后暴露了其本身的弊病。一方面其存在条款缺失、规定模糊、规则滞后等固有缺陷,已不能完全满足国际治理实践的需求;另一方面某些规则与中国的国家利益不相契合和冲突,无法有力地表达中国的诉求。因此,在经济实力和国际影响力日益增强以及全球海洋生态环境面临巨大威胁的背景下,中国深度参与全球海洋环境治理体系变革的内生动力和外在机遇并存。

(一)现有的治理体系面临的挑战

《公约》是海洋治理的宪章,它与在此基础上通过的一系列其他重要公约,如:1972 年《防止倾倒废物及其他物质污染海洋公约》、1973 年《国际防止船舶造成污染公约》、1973 年《濒危野生动植物种国际贸易公约》、1979 年《保护野生动物迁徙物种公约》、1987 年《蒙特利尔议定书》、1992 年《生物多样性公约》等,共同构成了海洋环境治理的法律框架。以《公约》为基础的国际海洋环境治理体系,在实现海洋环境的可持续发展方面取得了相当的成效,但经过 40余年的治理实践,目前也面临着诸多亟待解决的问题。

首先,制度缺失,规则模糊,约束力较弱。现有治理体系下的诸多规则是由造法性条约提出,为了平衡各方利益,造法性条约往往笼统模糊,界定不清,容易引起争议,而且很多规则通常以政府声明的形式出现,对签署各方面的法律约束力很弱。例如,中国与东盟各国在 2002 年签署了《南海各方行为宣言》,该宣言缺乏惩罚机制,对签署国家违反宣言精神的行为没有法律约束力。《生物多样性公约》对海洋环境保护的措施以及减少对生物多样性的负面影响进行了规定,但该公约大量使用的诸如"尽可能""酌情"等具有解释空间的弹性用语和模糊用语使其约束力大打折扣。[①]

其次,碎片化现象严重。[②]由于人为海域划分以及大量区域性和行业组织的存在,国际海洋生态环境治理的碎片化现象非常严重。在现有治理体系下,参与的国际组织众多,既有包括国际海事组织、联合国粮食及农业组织、联合国教科文组织等在内的联合国专门机构,也有很多区域性和行业性的海洋组

---

① 刘丹:《海洋生物资源保护的国际法》,上海人民出版社 2012 年版,第 17～18 页。

② Y. Tanaka, Zonal and Integrated Management Approaches to Ocean Governance: Reflections on a Dual Approach in International Law of the Sea, *The International Journal of Marine and Coastal Law*, 2004, Vol. 19, No. 4, pp. 483-514.

织。众多组织之间职能存在重叠，利益存在冲突，相互间也缺乏协调。[①]以国际海底区域环境管理为例，国际海底管理局于 2017 年 1 月公布的《国际海底区域矿产资源勘探开发环境规章（草案）》，在国际海底区域环境影响评估、保护规划以及补救和惩罚措施等方面进行了比较详尽的制度设计和安排。而国际海洋法法庭也成立了"海洋环境争端分庭"，以处理《公约》缔约方提交的有关海洋环境保护方面的争端。

最后，国际合作不足。由于海洋开放性、整体性和流动性的特征，各个利益主体之间必须共同参与、团结合作才能形成广泛的治理基础。海洋环境治理的主体众多，价值观、发展程度、利益诉求以及面临的实际状况各不相同，造成治理的目标往往不能达成一致，行动不能协调统一。海洋环境的公共物品的属性使实力弱小的国家有较普遍的"搭便车"心理，通常没有意愿也没有能力采取治理行动，进而造成海洋环境的"公地悲剧"。另外，海洋强国和海洋大国对于航行安全和海洋开发的关注往往高于海洋环境，但如图瓦卢、帕劳和马尔代夫等小岛屿国家，由于其福祉严重依赖于海洋资源的健全、养护和保存，当海洋活动可能会打破相关海域生态平衡时，则会趋向于更为保守的保护性措施。

（二）中国参与治理体系变革的机遇

深度参与国际海洋环境治理并推动治理体系的变革，是中国作为负责任大国对国际社会义不容辞的责任，更是当下中国必然的政策选择和机遇。首先，中国有应对自身海洋环境危机的现实需要。中国是世界上遭受海洋灾害影响最严重的国家之一，2019 年各类海洋污染等灾害给沿海经济社会发展和海洋生态带来了诸多不利影响，直接经济损失逾 110 亿元。[②]由于海洋污染跨国性和流动性的特点，无论是 2011 年福岛核电站泄漏事件还是 2018 年巴拿马籍"桑吉"号油船凝析油泄漏事件，如果不依靠全球环境治理体系下的国际合作，单靠中国根本无法摆脱泄漏给我国环境所带来的巨大负面影响。其次，中国有能力参与。公共产品供给不足也是国际海洋环境治理所面临的主要挑战，在当前"逆全球化"的趋势下尤为突出。中国不仅累积了较为丰富的制度

---

① A. D. Marffy, Ocean Governance: A Process in the Right Direction for the Effective Management of the Oceans, *Ocean YearBook*, 2004, Vol. 18, No 1, pp. 162-192.

② 自然资源部：《2019 年中国海洋灾害公报》，http://gi. mnr. gov. cn/202004/t20200430_2510979.html，最后访问日期：2020 年 12 月 12 日。

成果,出台了包括《海洋环境保护法》在内的一系列海洋环境治理方面的法律法规,而且在长期的治理实践中,治理能力也得到了很大的提高。通过深度参与,不仅可以增加与地位和能力相匹配的全球海洋公共产品的供给,贡献中国智慧和中国经验,反过来,也有助于自身海洋环境管理机制的整合和完善,以及海洋环境监测、事故预警、应急处理和信息共享等方面技术水平的提高。最后,符合中国从海洋大国向海洋强国转变的战略目标。党的十八大提出"建设海洋强国",十九大提出"坚持陆海统筹,加快建设海洋强国",中央全面依法治国工作会议进一步阐述了习近平法治思想内涵,"要推动全球治理变革,推动构建人类命运共同体"。全球海洋环境治理是全球海洋治理不可或缺的组成部分,深度参与并推动全球海洋环境治理变革是最终实现全球治理变革的具体路径和实现方式。

我们应借建设海洋强国的机会,以海洋命运共同体理念为指导思想和行动准则,积极参与到国际海洋环境治理的规则制定和解释当中,用中国的国家实践推动习惯国际法的形成,增强在国际海洋事务中的话语权和影响力,同时积极加强区域合作和互信,共创符合各方预期的海洋环境治理的新秩序。①

三、国际海洋环境治理的中国参与:理念与原则

通过国内与国际治理的统筹衔接,推动海洋环境治理变革进而促进全球治理变革,除了坚持主权平等、互相尊重主权及领土完整等国际法基本原则,坚持维护国家的安全、主权及发展利益之外,中国需要以海洋命运共同体理念为指导,以共同但有区别责任原则为准则,将中国利益注入海洋环境保护国际治理的实践中。

(一)海洋命运共同体理念

海洋命运共同体承袭了人类命运共同体的基本内涵和要义,是人类命运共同体思想的重要构成和在海洋领域的具体延伸。区别于传统海权论对抗性和控制性思维,海洋命运共同体理念以人类共同利益为导向,摒弃零和博弈,坚持多边主义,在相互尊重中寻求权责利的平衡,实现人与海洋的和谐共存。海洋命运共同体中"共同体"概念与海洋"整体性"的物理特征和"共有物"的经

---

① 何琴:《中国应对南海仲裁案策略的检视》,载《2019 中国海洋法年刊》,知识产权出版社 2019 年版,第 90 页。

济属性相符，将全球海洋生态环境视为一个整体，能够很好地凝练治理共识，打破治理壁垒，为弥补现有治理体系的不足、解决海洋污染全球化与治理碎片化之间的矛盾提供了新的视角和思路。事实上，中国政府在参与海洋国际规则制定中，已在践行这一理念。目前，围绕"区域"矿产资源的国际海底活动已由勘探阶段向勘探开采期过渡，"区域"资源开采规章的制定将是未来几年国际海底管理局的工作重心。2018 年 9 月，中国政府在提交关于《"区域"内矿产资源开发规章（草案）》的评论意见中强调，开发规章应明确、清晰地界定"区域"内资源开发活动中有关各方的权利、义务和责任，在鼓励和促进"区域"内矿产资源的开发的同时，按照《公约》的规定，切实保护海洋环境不受"区域"内开发活动可能产生的有害影响。开发规章制定还应借鉴各国在陆上或国家管辖海域内开发矿产资源的惯常实践和有益经验，考虑与草案中"国家管辖范围以外区域海洋生物多样性养护和可持续利用国际协定"的相关规定相协调。海洋命运共同体理念与国际海底管理局所遵循的人类共同继承财产原则也是高度契合的。①

　　海洋命运共同体理念所蕴含的"维护海洋生态文明可持续发展"的价值追求，与国际社会的呼吁和倡导具有高度的内在一致性。②《公约》第 12 部分明确了缔约国的海洋环境保护义务，反映了《公约》对可持续发展的要求。2015年 9 月联合国可持续发展峰会通过的《2030 年可持续发展议程》第 14 项目标，到 2017 年 6 月联合国海洋大会通过的《我们的海洋，我们的未来：行动呼吁》决议，到 2019 年 3 月以"寻找创新解决方案，以应对环境挑战并实现可持续的消费和生产"为主题的第四届联合国环境大会，再到当年 4 月围绕完善《巴塞尔公约》相关议题的国际磋商，均以环境与海洋环境的可持续发展作为实现目标和行动的宗旨。③因此，可持续发展的原则有广泛的国际共识和坚实的国际法基础。

----

　　① 中华人民共和国常驻国际海底管理局代表处：《深化海底合作 共同构建海洋命运共同体——中国常驻国际海底管理局代表田琦大使在 71 周年国庆之际宣介中国参与国际海底事务情况的发言》，http://china-isa.jm.china-embassy.org/chn/xwdt/t1821519.htm，最后访问日期：2020 年 12 月 12 日。

　　② 姚莹：《"海洋命运共同体"的国际法意涵：理念创新与制度构建》，载《当代法学》2019 年第 5 期。

　　③ 张卫彬、朱永倩：《海洋命运共同体视域下全球海洋生态环境治理体系建构》，载《太平洋学报》2020 年第 5 期。

(二)共同但有区别责任原则

共同但有区别责任原则是国际环境法中的一项重要原则。《里约宣言》原则七指出各国都应共同地"维护、保护和恢复地球生态系统的健康和完整",但鉴于发达国家"对全球环境造成的压力和它们掌握的技术和资金",发达国家在国际环境保护中承担主要责任。对发展中国家和发达国家的责任区别对待的要求也出现在 1972 年《斯德哥尔摩宣言》、1974 年《各国经济权利和义务宪章》、1987 年《蒙特利尔议定书》、1992 年《气候变化框架公约》、1997 年《京都议定书》和 2016 年《巴黎协定》等国际条约和软法之中。

随着中国综合国力增强,国际地位显著提高,中国已成为海洋环境保护国际治理的重要力量。然而中国始终还不是海洋强国,不应以发达国家的地位承担更大的责任,这会使中国背负过于沉重的负担,阻碍中国的发展,与我们建设海洋强国的使命背道而驰。不过应当注意到现今国际海洋环境治理体系中的国家环境责任呈现趋同化的趋势,发达国家和发展中国家之间的国家环境责任的差距日益缩小,中国在建设海洋强国的路径中,必然需要逐渐相应地承担更多的国际责任。因此我国需要在维护发展利益的同时,协调推进国内及国际海洋环境治理,让国内环境治理能够日趋向海洋强国承担的国际责任靠拢。同时,中国必须继续坚持发展中国家地位,在海洋环境保护的国际治理中落实共同但有区别责任,维护中国的主权和发展利益。

结　语

海洋环境的改变和破坏对人类的生存和发展构成威胁,国际海洋环境的治理需要所有国家的共同努力。建构与完善国际海洋环境治理体系对中国而言既是挑战,也是机遇。我们应以海洋命运共同体为理念、以共同但有区别责任原则为准则,积极参与国际海洋环境治理的规则制定和解释,统筹国内国际海洋环境治理,推动新的习惯国际法的形成,在海洋环境国际治理中增强话语权和影响力,积极加强区域合作和互信,共创符合各方预期的海洋环境治理的新秩序。

Reflections on China's Participation in International Governance of Marine Environmental Protection

He Qin

Abstract: The global marine environment is suffering from enormous challenges and threats caused by human activities. Participating deeply in the international governance of marine environmental protection and promoting the reform of governance is a realistic requirement for China to deal with its marine environmental problems and a meaningful way to achieve the magnificent goal of "building a human community with a shared future." The international marine environmental governance system with the 1982 United Nations Convention on the Law of the Sea as its core has played an active role in dealing with marine environmental problems, but due to various defects, it has not fully met the current governance requirements. As an essential component and extension of a human community with a shared future, the concept of a maritime community with a shared future provides a direction and path for China to participate in the international governance of marine environmental protection and promote the reform of the governance. Simultaneously, in the international governance of marine environmental protection, China should always adhere to the principle of common but differentiated responsibilities and safeguard China's sovereignty and core development interests.

Key words: Marine Environmental Protection; International Governance; A Maritime Community With a Shared Future; The Principle of Common but Differentiated Responsibilities

专题三

建设对外开放高地研究

实行高水平对外开放，开拓合作共赢新局面
——十九届五中全会精神下中国自贸区战略的再出发

刘　彬*

摘要：2020年党的十九届五中全会公报与会上通过的《中共中央关于制定国民经济和社会发展第十四个五年规划和二〇三五年远景目标的建议》指出"实行高水平对外开放，开拓合作共赢新局面"，后者还提出要"实施自由贸易区提升战略"。这些都为新时代中国自贸区战略的再出发提供了根本指南。基于百年未有之大变局下国内外经贸形势，未来中国新的自贸协定可改变过去只偏重市场准入的做法，实行市场准入与规则建构的双翼并举：一是将工作重心转移到经贸规则创新和营商环境建设上来，以配合实行高水平对外开放的目标；二是在国内制度外溢效应的基础上实现对各个经贸伙伴的良性的制度扩散，以配合开拓合作共赢新局面的目标。

关键词：高水平对外开放；合作共赢新局面；自贸区提升战略

2020年10月26日至29日，中国共产党第十九届中央委员会第五次全体会议（以下简称十九届五中全会）在北京举行。这是在我国全面建设小康社会取得决定性成就、"十三五"规划任务即将全面完成、"十四五"规划即将启程之际召开的一次盛会。10月29日通过的会议公报（以下简称公报）提出，要"实行高水平对外开放，开拓合作共赢新局面"，这为中国特色社会主义新时代的中国自贸区战略再出发提供了新指南。本文尝试在这方面作若干初步探讨，以抛砖引玉。

---

* 刘彬，西南政法大学副教授，法学博士。

一、十九届五中全会与中国自贸区战略相关的会议精神

公报先指出:"全会深入分析了我国发展环境面临的深刻复杂变化,认为当前和今后一个时期,我国发展仍然处于重要战略机遇期,但机遇和挑战都有新的发展变化。"而后,公报又提出:"实行高水平对外开放,开拓合作共赢新局面。坚持实施更大范围、更宽领域、更深层次对外开放,依托我国大市场优势,促进国际合作,实现互利共赢。要建设更高水平开放型经济新体制,全面提高对外开放水平,推动贸易和投资自由化便利化,推进贸易创新发展,推动共建'一带一路'高质量发展,积极参与全球经济治理体系改革。"以上基本精神点明了新时代中国自贸区战略所处的国内国际大背景,为新时代中国自贸区战略的再出发提供了宏观指导思想。

十九届五中全会还审议通过了《中共中央关于制定国民经济和社会发展第十四个五年规划和二〇三五年远景目标的建议》(以下简称《建议》)。习近平同志受中央政治局委托,就建议起草的有关情况向全会作了说明。在"实行高水平对外开放,开拓合作共赢新局面"这方面,本次《建议》指出:"建设更高水平开放型经济新体制。全面提高对外开放水平,推动贸易和投资自由化便利化,推进贸易创新发展,增强对外贸易综合竞争力。完善外商投资准入前国民待遇加负面清单管理制度,有序扩大服务业对外开放,依法保护外资企业合法权益,健全促进和保障境外投资的法律、政策和服务体系,坚定维护中国企业海外合法权益,实现高质量引进来和高水平走出去。""积极参与全球经济治理体系改革。坚持平等协商、互利共赢,推动二十国集团等发挥国际经济合作功能。维护多边贸易体制,积极参与世界贸易组织改革,推动完善更加公正合理的全球经济治理体系。积极参与多双边区域投资贸易合作机制,推动新兴领域经济治理规则制定,提高参与国际金融治理能力。实施自由贸易区提升战略,构建面向全球的高标准自由贸易区网络。"

从以上《建议》内容来看,以自贸协定为制度载体的中国自贸区战略已经演化升级为自贸区提升战略,"提升"二字对自贸区战略提出了新要求。作为建设更高水平开放型经济新体制的工作组成部分,中国自贸区提升战略应是对原有自贸区战略的再审视、再提高。为此,有必要先对中国自贸区战略的历程进行回顾,再立足于当前政策需要,探讨相关的提升思路。

二、中国自贸区战略的历程回顾

自贸区战略是中国对外开放新格局的重要内容之一。这里的"自贸区"，是指经国家(包括单独关税区)之间的相关协议(即自贸协定)而形成的自由贸易(含投资等其他经济活动)区域,性质上有别于一国内部的自由贸易园区、自由贸易试验区、自由贸易港区。

(一)中国自贸区战略的顶层设计

2007年,鉴于全球范围内经济区域集团化如火如荼的大趋势,党的十七大报告首次提出了自由贸易区战略,将其上升到国家顶层战略的地位。2012年十八大报告提出要加快实施自贸区战略,十八届三中、五中全会进一步要求以周边为基础加快实施自贸区战略,形成面向全球的高标准自贸区网络。自此,加快实施自贸区战略构成了我国新一轮对外开放的重要内容。2014年,习近平同志在主持中共中央政治局第十九次集体学习时发表重要讲话,强调以对外开放的主动赢得经济发展的主动、赢得国际竞争的主动,指出自贸区战略是我国积极参与国际经贸规则制定、争取全球经济治理制度性权力的重要平台,要分析加快实施自贸区战略面临的国内外环境,探讨我国加快实施这个战略的思路。[①]

2015年12月,国务院印发了《关于加快实施自由贸易区战略的若干意见》(以下简称《意见》)。这是我国开启自贸区建设进程以来的首个战略性、综合性文件,对我国自贸区建设作出了顶层设计。[②]《意见》明确我国自贸区战略的指导思想是党的十八大和十八届三中、四中、五中全会精神和"四个全面"战略布局要求,提出了加快实施自贸区战略要坚持的四个原则:扩大开放,深化改革;全面参与,重点突破;互利共赢、共同发展;科学评估,防控风险。《意见》对我国自贸区建设的布局在周边、"一带一路"和全球三个层次作出了规

---

① 习近平:《加快实施自由贸易区战略 加快构建开放型经济新体制》,http://fta. mofcom.gov.cn/article/zhengwugk/201412/19394_1.html,最后访问日期:2020年12月3日。

② 《商务部国际司负责人解读〈国务院关于加快实施自由贸易区战略的若干意见〉》,http://fta.mofcom.gov.cn/article/zhengwugk/201512/29895_1.html,最后访问日期:2020年12月3日。

划。《意见》还对健全加快实施自贸区战略的保障体系与完善相关支持机制提出了具体要求。

《意见》明确了加快实施自贸区战略的近期和中长期目标。近期目标是，加快现有自由贸易区谈判进程，在条件具备的情况下逐步提升已有自由贸易区的自由化水平，积极推动与我国周边大部分国家和地区建立自由贸易区，使我国与自由贸易伙伴贸易额占我国对外贸易总额的比重达到或超过多数发达国家和新兴经济体的水平；中长期目标是，形成包括邻近国家和地区、涵盖"一带一路"沿线国家以及辐射五大洲重要国家的全球自由贸易区网络，使我国大部分对外贸易、双向投资实现自由化和便利化。《意见》对加快建设高水平自贸区，提出了以下八个方面的要求与措施：提高货物贸易开放水平、扩大服务业对外开放、放宽投资准入、推进规则谈判、提升贸易便利化水平、推进监管合作、推动自然人移动便利化、加强经济技术合作。

《意见》高屋建瓴、概括全面，具有高度的指导意义与价值。可以看出，中国自贸区战略建立在十八大以来执政党关于改革开放一系列新的理论与实践的基础上，与经济新常态下的供给侧结构性改革的大形势完全契合。中国自贸区战略对外紧密结合"一带一路"倡议，事实上使得自贸协定成为推动"一带一路"倡议的重要途径之一；对内紧密结合国内各地自贸试验区的改革进程，从中汲取开放经验与谈判依据。

（二）中国自贸区战略的实施成就

迄今，中国签署的自贸协定或类似协议已达到 19 个，涉及国家或地区 26 个，包括：内地与香港更紧密经贸关系的安排、内地与澳门更紧密经贸关系的安排、中国—智利自贸协定及其升级版、中国—巴基斯坦自贸协定及其第二阶段成果、中国—东盟自贸协定及其升级版、中国—新加坡自贸协定、中国—新西兰自贸协定、中国—秘鲁自贸协定、中国—哥斯达黎加自贸协定、中国—冰岛自贸协定、中国—瑞士自贸协定、中国—韩国自贸协定、中国—澳大利亚自贸协定、中国—马尔代夫自贸协定、中国—格鲁吉亚自贸协定、中国—毛里求斯自贸协定、中国—柬埔寨自贸协定、区域全面经济伙伴关系协定。此外中国正在谈判的自贸协定中，在双边层面包括与海湾合作委员会、挪威、斯里兰卡等的谈判，在区域层面有中日韩自贸协定的谈判，以及与新西兰、韩国、秘鲁等进行中的自贸协定升级版或第二阶段谈判。

对中国自贸协定各个文本进行考察，可看出：所涉及的议题范围日益扩大，规则标准逐步提高，自由开放度渐进深入。因此，中国自贸协定呈现出日益明显的深度一体化态势①，这与全球大潮流是一致的。在自贸区战略和"一带一路"倡议的引领下，中国国内若干顶层设计文件都强调自贸协定的高标准化。目前中国正在谈判中的自贸伙伴包括了经济体量大中小不一的发达国家、新兴工业化国家与发展中国家等各种类型。可以断言，中国自贸协定议题范围扩大、规则标准提高、日益自由开放的大趋势，是方兴未艾且总体上不会逆转的。

三、中国自贸区提升战略的思路探讨

自贸区战略的上述发展历程彰显了中国近年来国际经贸政策导向的积极变化。"十四五"时期实施自贸区提升战略，应明确自贸协定这一制度工具有助于达到何种新目标。归纳以往中国自贸协定的文本规律，可看出其主要侧重于关税削减、行业开放等市场准入事项，而在经贸规则上大多直接纳入世贸组织和投资条约等相关规则，在制度创新方面相对谨慎和保守。对单纯市场准入的偏爱，一定程度上反映出中国改革开放早期"发展是硬道理"的指导思想和加入世贸组织后追求贸易红利的观念惯性。但随着新时代中国改革开放事业不断推向纵深，打造高水平开放格局的目标决定了中国对国内制度创新与国际规则话语权的需求必然水涨船高。因此，未来中国自贸区提升战略的思路应在此大背景下进行探索。

本文试就此提出两点设想：一是重心转移，二是制度扩散。这两点均旨在实现自贸协定的市场准入与规则建构这两大功能的双翼并举。

（一）重心转移：从单纯市场准入转向经贸制度创新与营商环境建设

十九大报告以及近年来国内一系列顶层文件都表明，新时代全方位推进改革开放的核心是制度创新，旨在实现国家治理体系与治理能力现代化，实现可持续发展。由此，中国自贸协定也应考虑将工作重心从单纯市场准入转向经贸制度创新与营商环境建设。

1.经贸制度创新

最近 10 年，中美投资条约谈判、跨太平洋伙伴关系协定（以下简称 TPP）、跨大西洋贸易投资协定（以下简称 TTIP）曾被认为是引人注目的三大国际经贸

---

① 关于中国自贸协定迈向"深度一体化"的观点，参见东艳等：《深度一体化：中国自由贸易区战略的新趋势》，载《当代亚太》2009 年第 4 期。

谈判，都涉及重要的经贸制度创新。TPP 与 TTIP 除了传统的关税与非关税壁垒削减、贸易便利化主题外，还着力于增进服务贸易市场准入、加强监管标准的一致性与透明度等合作，同时维持卫生、安全、环保、劳工等方面的高标准，制定全球关注的经贸规则如知识产权、竞争政策等[①]，以及推行新型合作如中小企业、反腐败等议题。这些高标准经贸规则对中国构成了压力。中国如何应对国际经贸规则的重构、引导对己有利的国际经贸规则的形成，值得认真深入研究。有学者指出，中国通过国内自贸试验区试点，带动贸易、投资、金融、税收、政府管理等一系列政策变革，测试中国进一步开放和接受高标准经贸规则的承受力、风险和防范机制，先行试验国际经贸规则新标准，积累新形势下参与双边、多边和区域合作的经验，为开展相关国际谈判、参与规则制定提供参考和支撑。[②] 以上目标点出了国内自贸试验区建设与对外自贸区战略的紧密联系。

由此本文试提出，中国应重视国内自贸试验区与对外自贸协定的"双自联动"。这是对"双自联动"的一个尝试性的新解释。"双自联动"的说法，原意是指上海自贸试验区与上海浦东新区内张江国家自主创新示范区的"双自"之间的战略叠加、战略协同，旨在实现制度创新与科技创新的联动。[③] 但本文尝试借用该词，转指中国国内自贸试验区与对外自贸协定的"双自"之间应实现政策精神的互通与法律措施的联动。这一观点，正是基于中国自贸试验区建设的上述国际背景和应对国际经贸新规则的压力测试需要而提出的，能够从2015 年国务院《意见》等顶层文件中找到依据。[④]

海南自贸港建设启动后，这几年来的国内外形势发展进一步表明，为服务于上述"双自联动"，当前自贸试验区和自贸港需要继续深化改革试验。尽管近年来若干逆全球化现象导致 TPP、TTIP 出现变数，但众多边境后议题仍然是未来自贸协定谈判不可回避的，中国自贸区提升战略必然要认真加以对待。

---

① 上海市社科联：《中国（上海）自由贸易试验区 150 问》，格致出版社、上海人民出版社 2014 年版，第 9 页。

② 上海市社科联：《中国（上海）自由贸易试验区 150 问》，格致出版社、上海人民出版社 2014 年版，第 9 页。

③ 毕马威咨询课题组：《"双自联动"深化研究与展望》，载肖林、张湧主编：《中国（上海）自由贸易试验区制度创新：回顾与前瞻》，格致出版社、上海人民出版社 2017 年版，第 258～259 页。

④ 国务院《关于加快实施自由贸易区战略的若干意见》第 4 部分"健全保障体系"第 15 点。

2.营商环境建设

优化营商环境是近年来中国的国策。世界银行营商环境系列报告被公认为该领域权威出版物，着眼于衡量一国商业法规与政策对企业设立与经营的影响。报告将营商环境概括为 5 个环节以及下属 11 个指标，依次为企业开办（包括设业批准程序、劳工市场法规 2 个指标）、场所获取（包括建造许可、电力开通、财产登记 3 个指标）、金融机会（包括信用获取 1 个指标）、日常经营（包括小股东保护、跨境贸易、税收缴纳 3 个指标）、法制环境（包括契约强制执行、破产案件解决 2 个指标）。[①] 从这些环节和指标来看，涉及直接投资、跨境贸易、金融交易、税收征管、争端解决等多个方面，而且大部分都属于边境后措施。世行也坦承，出于研究便利，这些指标并没有完美覆盖一切相关因素，例如宏观经济稳定性、金融系统发展、劳动力素质、贿赂与腐败发生率、市场规模、社会安全感等。[②] 由此可见，广义的营商环境牵涉面极广。正是基于上述原因，TPP 率先设立了电子商务、电信、金融、反腐败、合作与能力建设、竞争力与商务便利化、发展、中小企业、监管一致性等不同以往的专章规则，绝大部分都被《全面进步跨太平洋伙伴关系协定》（CPTPP）继承下来，从而向中国提出了严峻的新课题。

2020 年世行营商环境报告中，中国总排名已上升到第 31 名。[③] 但也要看到，这个排名仍然落后于众多发达国家和新兴经济体，且世行的指标计算只考察北京与上海两个中心城市，而中国各地的营商环境水平是分布不平衡的。可见中国仍应有这方面的时代紧迫感。新时代中国自贸协定对营商环境能够有所强化的领域，可确定包括贸易便利化、投资便利化、投资自由化、商务人员流动便利化、贸易监管措施、透明度等方面。其中，贸易便利化、商务人员流动便利化、贸易监管措施、透明度在中国以往自贸协定中已有专章规则，其中监管问题是否需要升级为监管一致性合作，尚待研究；投资自由化则随着区域全面经济伙伴关系协定中负面清单模式的引入而逐步现实化；投资便利化在中国自贸协定现有投资章、合作章中已有所包含，但还缺少明确规则。此外，知识产权、竞争政策、人力资源等领域至少可以开展对话合作。如此，中国自贸

---

① World Bank Group，*Doing Business* 2018：*Reforming to Create Jobs*，2017，p.2.

② World Bank Group，*Doing Business* 2018：*Reforming to Create Jobs*，2017，p.13.

③ World Bank Group，*Doing Business* 2020：*Comparing Business Regulation in 190 Economies*，2019，p.4.

协定方可服务于将改革开放推向纵深、构建开放型经济新体制的目标。这正呼应了公报与建议中所提到的"实行高水平对外开放"的精神。

(二)制度扩散:强化国内制度外溢效应

经贸制度创新与营商环境建设,国内自贸试验区也同样在做。但与国内自贸试验区不同的是,对外自贸协定不仅服务于中国自身改革,更能对众多经贸伙伴产生巨大影响,从而服务于"一带一路"倡议。此即"制度扩散",能够强化中国在国际经贸活动中的制度话语权。自贸协定的制度扩散与大国地位直接关联,属于大国需要考虑的特有课题,这主要是指国内层面的制度外溢效应。

2019年《新时代的中国与世界》白皮书指出:中国将进一步加强与各国宏观政策协调联动和发展战略规划对接,优势互补,相互借力,放大正面外溢效应,减少负面外部影响。[①] 国内层面,中国在自贸协定中加强对新一代经贸规则和营商环境的关注,不但使自贸协定伙伴国直接受益,而且将进一步产生对于非自贸协定伙伴国的制度外溢效应,从而扩大自贸协定的受益面。这种外溢效应体现在,一国很难对不同国家维持不同的服务与投资监管、知识产权、生态环保、竞争政策、文化管理、透明度等制度。[②] 这些属于普适性制度,无法想象会因为各个自贸协定的条款不一而实行差别化实施,勉力维持"碎片化"格局势必带来巨大的管理成本。出于维护国内法权威的考虑,大国通常审慎对待条约是否影响国内法的问题,并做好两者的协调,如美国国务院对国际协定谈判的评估程序即为适例。[③] 相反,一些中小国家如智利,在分别与美国、欧盟订立的自贸协定中被迫接受了两套不同的数字产品规则,可见小国被动地位之害。[④] 随着自身经济实力的增强和经济体制的日益开放,中国逐步对外呈现统一化的开放格局,使各国(无论是否为自贸协定伙伴)均能从

---

① 国务院新闻办公室:《新时代的中国与世界》,人民出版社2019年版,第56页。

② Joost Pauwelyn, Multilateralizing Regionalism: What About An MFN Clause in Preferential Trade Agreements? *American Society of International Law Proceedings*, 2009, p.122.

③ Curtis A. Bradley, *International Law in the U.S. Legal System*, Oxford University Press, 2015, p.77.

④ 何其生:《美国自由贸易协定中数字产品贸易的规制研究》,载《河南财经政法大学学报》2012年第5期。

中受益①，中国自贸协定的具体规则也要在部分议题领域中基于国内法走向一定程度的范本化。这正呼应了公报与《建议》中所提到的"开拓合作共赢新局面"的精神。

结　语

党的十九届五中全会公报与《中共中央关于制定国民经济和社会发展第十四个五年规划和二○三五年远景目标的建议》都指出要"实行高水平对外开放，开拓合作共赢新局面"。这为中国自贸区战略演化升级为中国自贸区提升战略提供了根本指南。在操作层面上如何具体落实此种精神，值得深入研究。

西方发达经济体主导的若干巨型自贸协定谈判首要的着眼点，就是塑造规则、引领规则。在这种局面下，中国必须利用自己的实力去参与规则制定，而不能指望这些国家在制定规则时会考虑中国的需求。② 习近平同志已明确指出，在自贸区战略上中国不能当旁观者、跟随者，而是要做参与者、引领者，要在国际规则制定中发出更多中国声音。③ 新时代中国自贸区战略将要在提升理念下再出发。本文就此建议：未来中国新的自贸协定宜改变过去只偏重市场准入的做法，应实行市场准入与规则建构的双翼并举，将工作重心转移到经贸规则创新和营商环境建设上，在国内制度外溢效应的基础上对各个经贸伙伴实现良性的制度扩散，以积极配合实行高水平对外开放、开拓合作共赢新局面的宏伟目标。

---

① 近年来，全国市场准入负面清单、外资准入负面清单得到统一推行，即为佐证。

② 赵龙跃主编：《制度性权力——国际规则重构与中国策略》，人民出版社 2016 年版，第 349 页。

③ 习近平：《加快实施自由贸易区战略 加快构建开放型经济新体制》，http://fta.mofcom.gov.cn/article/zhengwugk/201412/19394_1.html，最后访问日期：2020 年 12 月 6 日。

Implement a High Level of Opening up, Develop a New Situation of Win-Win Cooperation
—The Restart of China's FTA Strategy in the Spirit of the 5th Plenary Session of the 19th Central Committee

Liu Bin

Abstract: The Communique of the 5th Plenary Session of the 19th CPC Central Committee in 2020 and the "Proposal of the CPC Central Committee on Formulating the 14th Five-Year Plan for National Economic and Social Development and the Visionary Goals for 2035" adopted at the Session pointed out that "implement a high level of opening up and develop a new situation of win-win cooperation", the latter also proposes to "implement the upgrading FTA strategy". All these provide fundamental guidelines for the restart of China's FTA strategy in the new era. Based on the domestic and foreign economic and trade situation under the unprecedented change of 100 years, China's new FTAs may change the past practice of focusing only on market access, and lift the twin wings of market access and rule building: First, shift the focus to economic and trade rule innovation and business environment construction, in line with the goal of implementing a high level of opening up; Second, achieve positive institutional diffusion to various economic and trade partners based on the spillover effect of the domestic systems, in line with the goal of developing a new situation of win-win cooperation.

Key words: High Level of Opening Up; New Situation of Win-win Cooperation; Upgrading FTA Strategy

自由贸易港区服务贸易监管机制[*]

宋云博[**]

摘要：各国在服务贸易监管机制领域尚且存在着不同的现状和发展方式。GATS 中部分相关条文对服务贸易加以限制和规范，但是其本身存在一定的局限性。为了在自由贸易港区方面取得更大进步，也为了能够使我国经济进一步平稳、高速发展，对外开放建设自由贸易港区也是服务贸易发展扩大的重要契机，对其的监管机制研究顺理成章成为重中之重，建立完善有效监管机制以此推进新一轮服务贸易对外开放，从而有效促进对外贸易增长，进一步增强我国综合经济实力，高水平建成自由贸易港区。

关键词：自由贸易港区；服务贸易；监管制度

引　论

2020 年 11 月 16 日至 17 日，中央全面依法治国工作会议在北京召开，首次提出习近平法治思想。习近平法治思想内涵丰富、论述深刻、逻辑严密、系统完备，从历史和现实相贯通、国际和国内相关联、理论和实际相结合上深刻回答了新时代为什么实行全面依法治国、怎样实行全面依法治国等一系列重大问题。自由贸易港区作为其核心要义之一，对于推动发展区域经济并带动全国更高层次的经济发展具有举足轻重的作用。一般而言，它是指一国允许

　　* 本文系国家社科基金项目"一带一路沿线国家中国公民权益保障法制供给研究"（18BFX216）研究成果之一。

　　** 宋云博，法学博士、博士后，西南政法大学副教授、研究生导师，重庆市中国特色社会主义理论体系研究中心研究员，中国—东盟法律研究中心副秘书长、研究员，海洋与自然资源法研究中心等研究员。

来自境外的货物、资金能够自由地进出的港口区,其作为一种特殊的区域通常设置在国家或与地区的境内、海关的管理关卡之外等地。在实际操作中,自由贸易港区对进出港区的货物基本上不予征收关税的优惠待遇。同时,在一定程度上也许可货主或者企业可以继续开展相关的业务活动,例如其自身对于所有的货物进行类似于储存、拆散、改装、展览、整理、再包装、加工和制造等步骤。而我们所指的服务贸易监管机制即是针对服务贸易而建立的以监管为核心的一种合理运行的机制。在经济发展的背后,自由贸易港区由于其自身的特点,带来的监管问题和部分不良影响也是我们亟待解决的重要问题和研究方向,在这之中,服务贸易监管机制的研究更是其中的重中之重。

在有关于自由贸易港区及服务贸易监管机制发展的相关问题上,党的十九大报告中已经明确地提出了①我国要在建设与发展自由贸易港区的方向上积极探索,并能以此对自由贸易试验区的制度创新成果进行继承和改革,从而能够深入的推进我国"一带一路"②建设。不过,就目前建设发展的情况来说,我国现阶段的自由贸易港区建设尚且还处于一种较为初级的探索研究阶段,尤其在服务贸易监管领域尚且比较空白,需要进一步的研究和发展。

目前,在关于服务相关行业的准入、监管的制度、货物贸易的自由化等方面还存在着很多的问题需要解决。例如,相对于国内的发展现状,像美国、新加坡等发达国家及一些欧洲国家已经在自由贸易港区的建设和服务贸易监管领域上取得了初步的成效:这些国家的自由贸易港区开放的范围较广,自由化的程度较高;而在服务贸易监管方面也可以通过其他的手段,使其监管的过程也更为方便。由此,不单是货物贸易的自由化水平比较高,服务贸易的发展前景也更为广泛,从而可以在服务贸易监管机制方面取得相当的成效,相较于我国的目前情况来说这种方式是比较先进的。因此,我国可以在自身致力于服务贸易监管机制研究之外,适当的借鉴国外有关自由贸易港区服务贸易监管机制相关的建立经验,这样一来,既可以更有利于加速我国的自由贸易港区建设,建立健全自由贸易港区服务贸易监管机制,又能够推进新一轮的对外开

---

① 十九大报告中提出赋予自由贸易试验区更大改革自主权,探索建设自由贸易港。

② "一带一路"(The Belt and Road,缩写 B&R)是"丝绸之路经济带"和"21 世纪海上丝绸之路"的简称。依靠中国与有关国家既有的双多边机制,借助既有的、行之有效的区域合作平台,"一带一路"旨在借用古代丝绸之路的历史符号,高举和平发展的旗帜,积极发展与沿线国家的经济合作伙伴关系,共同打造政治互信、经济融合、文化包容的利益共同体、命运共同体和责任共同体。

放,能够有效促进对外贸易增长,从而进一步的增强我国的经济实力。在当今经济发展的重要时代,能够建立并发展服务贸易监管机制是目前需要研究解决的重要问题。

二、服务贸易监管机制的比较分析

在建立和发展自由贸易港区服务贸易监管机制之外,首先,我们应清晰地认识到我国目前的所谓服务贸易监管机制较之于国外存在着的一些区别。

(一)国内外服务贸易监管机制现状

所谓的服务贸易,即是指双方在贸易过程中,一方提供服务,另外一方接受并消费服务,在这个过程中,双方的贸易行为即构成服务贸易。而较一般贸易而言,服务贸易中,双方所利用的商品——服务,是一种较为特殊的商品,其具备消费价值,但是表现形式为活动。

随着服务业在经济建设活动中的重要程度在不断地增加,服务贸易活动在国际贸易中的重要性也已经不言而喻。目前,国际上通用《服务贸易总协定》(GATS)中的部分条文对服务贸易加以限制和规范。但是,随着行业的进一步发展,出现的问题和情况也越来越多,所以,我们逐渐发现了该协定本身存在的局限性,因此其对于服务贸易的监管机制已经无法起到应有的调节指导作用。为了应付这种局面,各国目前在自身的服务贸易监管机制领域均有着不同的发展现状。

1.国外服务贸易监管机制现状

作为国际上重要的贸易经济体,由于欧盟方面在经济方面实施的是一体化的统一管理。所以,欧盟的成员国在有关自由贸易机制执行的是欧盟共同贸易政策①。因此,欧盟的成员国在共同利益的基础上所涉及的大部分贸易内容是能够与欧盟一致的,但是仍然存在例外:在欧盟的成员国中,法国在服务贸易监管机制,尤其是文化服务业方面的监管与保护充分体现了其自身的特色,因此具备一定的借鉴价值。

法国在贸易监管机制方面,建立并健全了其对应的贸易监管法律体系。

---

① 欧盟共同贸易政策:共同贸易政策是欧盟对世界发挥影响力的重要途径。该政策使欧盟的市场在世界范围内呈现单一化,同时扩大市场规模,增强话语权及在世界范围内的影响力。

例如:在本国相关法律尤其是《商业法典》中对服务贸易进行了严格的限制和要求。除此之外,严格、透明的监管运作程序也是该体系得以正常运行的重要原因。在这之中,由管理部门、协调机构、监督组织、专业机构共同构成了一套完备的服务贸易监管体系。由此可见,国际上的部分国家在服务贸易监管机制的研究上已经取得了一定成果,并且构造出了一套较为成熟且适合本国的运作模式。

2.国内服务贸易监管机制现状

在我国的立法实践中,我国通过《中华人民共和国对外贸易法》[①]中的专章规定了"国际服务贸易"[②],这正好符合了我国在服务贸易机制进步的需要。并且除此之外,在现阶段的其他法律法规中,也有着部分相关的内容对我国的服务贸易机制领域有所涉及和管理。但是,从总体上说,我国在现阶段仍未能完全建立坚实有效的服务贸易监管法律体系,因较于国际上足够完备的一些国家而言,现阶段的服务贸易监管机制仍然存在着诸多的不足之处。

就现状而言,我国在服务贸易监管机制上存在着以下的不足之处:缺少完善的理论支撑;行政规划方面不够细致;相应的立法、执法成效不足。所以,在服务贸易监管机制研究方面的成果不能说没有,但是很显然还留有较大的进步空间。在这基础之上,足够完备的服务贸易监管机制是进步的前提和必要的发展条件。

综上所述,我国在服务贸易监管机制上虽然有所进步,但是仍然存在了较大的进步空间。因此,我们应该对此予以重视并加以完善。

(二)国内外自由贸易港区服务贸易监管机制前景

在自由贸易港区发展服务贸易监管机制,既要考虑到当前发展的程度,也要对于未来的发展方向和前景予以一定的考量,即通过自由贸易港区本身所具备的特点,有针对地推进服务贸易监管机制的研究和确立。

首先,因为在世界经济一体化、市场全球化、贸易自由化的当下背景下,自

---

① 《中华人民共和国对外贸易法》:为了扩大对外开放,发展对外贸易,维护对外贸易秩序,保护对外贸易经营者的合法权益,促进社会主义市场经济的健康发展,制定本法。

② 国际服务贸易:国际服务贸易(International Service Trade)是指国际间服务的输入和输出的一种贸易方式。国际服务贸易狭义的概念是指传统的为国际货物贸易服务的运输、保险、金融以及旅游等无形贸易。而广义的概念还包括现代发展起来的、除了与货物贸易有关的服务以外的新的贸易活动,如承包劳务、卫星传送和传播等。

由贸易港区是作为能够起到推动经济全球化作用的极大动力。因此,我们必须在重视其发展的前提下,将服务贸易监管机制加以深切的研究,才能在促进二者的结合和未来发展上提供有效借鉴。

其次,就服务贸易的重要性进行简单的总结:服务贸易和商品贸易在国际贸易中往往起到了相辅相成的作用,在我们的视野里,两者之间貌似并没有直接性的联系,但是,商品贸易的扩大往往会导致服务贸易的加速发展,而后者的发展也必然会带动前者的进一步增长。

服务贸易是国际经济中占有较大比重的组成部分,除开本身的发展前景,由国外带来的冲击也是我国需要进行服务贸易监管机制研究的重要原因,目前发达国家是服务业资本的主要输出国,这些国家经过了较长时间的服务业领域的发展,又经历了长时间的对外开放,其在服务业领域具备优势地位,这些国家一方面要求其他国家加大开放力度以获得更大的市场,一方面自身设置门槛进行限制。因此,通过出台针对外商的相关法律予以限制只是一时的方法,为了维护本国服务业的发展,也为了防止外来资本的不良冲击,进行体系化的建设更有利于我国在服务贸易监管领域未来的前景。

由于服务的无形性和不可储存性①,这也意味着对其监管难度的加大,毕竟,类似于咨询、媒体信息类的服务区别于有形的商品贸易,在监管上的方式也是需要摸索和发现的。

虽然在服务贸易监管机制上存在着很大的困难,但是可以预见的是,随着服务贸易监管机制的确立,我们借此从服务贸易方面获得的利益也会趋于稳定,并能带来长久的利益供给。

三、我国自贸港区服务贸易监管机制存在的问题和困境

虽然服务贸易本身在国际上具备着相当的重要性,但在实际活动中,由于来自国际上和我国内部的一些问题,所以在服务贸易监管机制上仍然存在着相当多的问题和困境。

---

① 无形性和不可储存性:大部分服务是不能储存的,除了体现在商品中的服务以外,在交易上,服务与商品不同之处在于"服务"原则上不具有可储存性。通常情况下,服务在生产过程中,亦同时被消费者消费。

(一)法律服务贸易的监管问题

1.国际上带来的问题

在 GATS 的第 20 条[1](有关于原则的规定),各国应尽可能对包括法律服务在内的各项服务业提供市场开放之承诺,但是这并非强制性义务,而是视各国情况而定,一般视谈判结果而最终纳入具体承诺范围。对于法律服务业是否提出开放承诺表,仍应视缔约方要求与意愿而定。

正是因为如此规定,所以一些国家不愿在谈判中作出承诺,仅根据其本国法律规定对外开放法律服务市场或允许外国律师提供法律服务。这也导致了在实际情况中,我国可能面临着无法监管或者监管程序不允许导致的监管不力的困境。

2.国内存在的问题

由于法律服务业具有专属性和地域性的特点,所以往往与国家司法管辖权密切相关。因此各国往往通过立法或者行政措施予以限制,我国在较早的时候就颁布了《暂行规定》[2]加以限制,但与之相对应这也打开了我国的法律服务窗口,有多个国家和地区在我国国内设置了律师事务所。

虽然现阶段的国内法律服务开放情形较好,但是如果在我国的自由贸易港区设置外国律师事务所,是否会对本身开放属性较高的自由贸易港区造成冲击尚待商榷。尤其是服务贸易监管机制本身依托于法律得以建立,那么,在调查权、委托等方面如何协调国内外存在的立法差异,所提供的法律服务又是何种方式向何种对象提供,仍是需要研究解决的问题。

(二)金融服务贸易的监管问题

金融服务业历来是我国发展较快的服务行业之一,随着经济的进一步发

---

[1] GATS第20条,具体承诺表:每个成员都应在承诺表中列明其根据本协定第三部分而承担的具体承诺。在承担该承诺的部门,每个成员应明确列出:(a)市场准入的规定、限制和条件;(b)国民待遇的条件和资格;(c)有关附加承诺的义务;(d)适当情况下,实施这类承诺的时间表;(e)这类承诺的生效日期。

[2] 《暂行规定》:即《关于外国律师事务所在中国境内设立办事处的暂行规定》,我国于1992年颁布实施。

展,金融的重要性可想而知。而我国根据 GATS 提出的服务贸易自由化[①]的目标,在很早之前就已经承诺对包括服务贸易在内的贸易和投资初步实行自由化的政策。

在金融服务贸易的监管上,我们秉持开放的态度积极吸引外汇,而我国是实行外汇管制[②]的国家,所以在金融服务监管领域的重点就在于对外汇监管的研究,其中包括对于汇率、利率的监管以及资金流动的监管等。一般来说,在其他地方的外汇监管通常由外汇监管部门负责,但是,在自由贸易港区进行服务贸易监管的情况下,外汇监管部门很可能对监管的有效执行,开放性产生一定的限制,因此,在自由贸易港区内进行服务贸易监管时,采取何种措施,使用什么手段,都是在自由贸易港区服务贸易监管机制的研究中需要重视并提出建议和意见的。

(三)商品服务贸易的监管问题

一般而言,我们所指的商品服务贸易包括了服务贸易协定所确认的服务行业的销售服务,其由商品批发业和商品零售业组成。GATS 的签订实质上要求我国的商品服务贸易需要遵守其五大原则的制约[③]。而对于我国来说,一旦完全遵守以上原则,很可能面临着外来资本的高度冲击,进而对国内的市场发展产生不利影响。虽然现阶段我国的国内市场已经有所发展,不再像 20 世纪一般存在较大漏洞,但是,自由贸易港区内的开放性意味着外来资本可以大量涌入,从而限制港区的服务贸易发展。

因此在商品服务贸易发展的实际操作中,在监管领域内的审批,资格审查

---

① 所谓贸易自由化:所谓贸易自由化就是各成员方通过多边贸易谈判,降低和约束关税,取消其他贸易壁垒,消除国际贸易中的歧视待遇,扩大本国市场准入度。实现上述目标的途径是以市场经济为基础,进行贸易自由化。而服务贸易自由化是在经济全球化的基础上发展起来的,是贸易自由化在服务领域的具体表现。当今世界任何一个国家的经济发展都离不开世界上的其他国家。经济全球化和一体化的趋势势不可挡。无论是北方还是南方都被全球经济纽带捆绑在一起。发展中国家特别是我国作为发展中大国都必须要在贸易自由化的浪潮中迎接竞争和挑战。

② 外汇管制:外汇管制(Foreign Exchange Control)是指一国政府为平衡国际收支和维持本国货币汇率而对外汇进出实行的限制性措施。在中国又称外汇管理,是一国政府通过法令对国际结算和外汇买卖进行限制的一种限制进口的国际贸易政策。

③ GATS 五大原则:即最惠国待遇原则、透明度原则、市场准入原则、国民待遇原则、逐步自由化原则。

等方面的需求会逐步加重,可能会对尚未成型的服务贸易监管机制造成较大的负担。因此,这也是自由贸易港区服务贸易监管机制的研究过程中需要重视并予以解决的问题。

(四)运输业服务贸易的监管问题

因为在我国的服务贸易承诺表中,运输服务业也纳入了开放的部门(例如:海运服务业、空运服务业),而在自由贸易港的建设乃至未来的发展中,运输服务业都是不容忽视的重要环节,所以,在针对运输业服务贸易监管的领域中,如何让该机制有效实行是研究的方向和重点。

在运服务业上,因为涉及范围广,市场规模大等原因,势必在市场准入上就对于监管层面有所准备。从而在保证该服务在正常成长的同时杜绝部分隐患。

四、对我国自贸港区服务贸易监管机制的完善建议

服务贸易监管机制能够给未来的经济发展带来足够美好的前景,所以能够有效建立服务贸易监管机制是在经济发展路上的重要步骤。而结合我国的国情和目前的发展状况来分析,可以看到,我们需要做到的还有很多。

(一)构建完善法律制度

我国的市场经济是法制经济,这点是毋庸置疑的。因此,完善的法律制度是支撑自由贸易港区有效、高速运转的支柱,也是服务贸易监管机制能够结合于自由贸易港区的重要条件。

1.遵守国际规定

首先,国际上在《服务贸易总协定》中的第一条第二款,对服务贸易作了如下定义:从一缔约方的国境向另一缔约方的国境提供服务;从一缔约方的国境向另一缔约方的服务消费者提供服务;通过一缔约方的(服务提供实体)法人在另一缔约方设立商业结构提供服务;由一缔约方的自然人在另一缔约方境内提供服务。

该定义作为"国际服务贸易"在世界范围内的较为权威的定义,该定义被各国普遍接受。在GATS中,服务贸易是依照服务本身移动、服务消费者移动、设立商业结构以及服务提供者移动进行了四种分类。

GATS赋予了国家最惠国待遇以及国民待遇。除此之外,为了提高透明

度,要求各国公布其所有与服务贸易有所关联的法律法规制度。另外,GATS还通过规定承诺等手段对各国进行了一定的限制和约束,而这些都是我们需要学习并予以遵守的地方。

2.完善国内法律

我国在对外服务贸易方面,已经有了一定的发展,比如在对其进行规范性规定的法律法规上已经有《海商法》①《涉外关系法》②等等,这表明了我国在这方面已经有所关注,并且作出了一些规定性的法律条文。但是,在实际操作中,我们往往发现在这方面的法律条文仍然有所欠缺,或者可以说,我国在关于对外服务贸易方面还没有一个足够完善,能够起到充分的作用的法律体系。

因此,我们不仅仅是要在现有的法律条文上加以完善,更是要以建立一个拥有足够完善的法律体系,出台针对于此的更为细致的法律条文和相关规定的服务贸易监管机制。

最后,我国除了自身建立健全相关法律体系之外,也可以积极地吸收国际上的有关经验,例如适时的借鉴国际上有些国家已经足够完善的相关法条等。最终,将来自国际上的经验与我们自身发展形成的体系有效结合,以期完善国内相关机制的法律,形成我国自己的自由贸易港区服务贸易监管机制。

(二)建立有效管理机构

在自由贸易港区,一个有效率的管理结构更能起到事半功倍的效果,完善制度,消除不利于发展的掣肘,对于建设和发展自由贸易港区服务贸易监管机制是非常值得重视的事情。所以,为了达成建立有效管理机构的目标,我们可以提出两种不同思路以期解决问题:

1.减少冗杂,精简监管

目前我国在自由贸易港区的监管方面由于相关经验仍然不够丰富,通常是由多个部门机构相互配合管理,因此在一定程度上会导致在处理问题方面的烦琐。

在实际运营过程中,类似于海关、证监会、银保监会、中国人民银行等机构在过程中都会起到一定的监管作用,但就其达成的效用而言,往往多部门共同

---

① 《中华人民共和国海商法》:为了调整海上运输关系、船舶关系,维护当事人各方的合法权益,促进海上运输和经济贸易的发展,制定本法。

② 《中华人民共和国涉外民事关系法律适用法》:为了明确涉外民事关系的法律适用,合理解决涉外民事争议,维护当事人的合法权益,制定本法。

监管反而导致了效率低下的问题。因此,在未来的操作中,精简机构是建设自由贸易港区迫在眉睫需要解决的问题。

2.建立专门,统筹协调

在面对过多的机构的情况下,监管方面的协调性和有效性都不足以达到既有贸易港区建设发展的需求,对于很多的企业来说也是一个麻烦。最终就容易导致在机构之间发生互相掣肘的情况。

因此,在自由贸易港区的建设中,就需要做好充足的规划:例如由海关方面牵头成立专门机构,通过整合将监管权力形成专门机构,将包括服务贸易在内的各项贸易内容统一监管。并通过线上线下双向互查的办法,既能满足效率的需求,又足以完成监管的任务。

综上,从自身到外延的正确的建立发展,是在实质上能够有效建立起我国的自由贸易港区服务贸易监管机制的有效手段。

(三)自贸港区服务贸易监管机制的实际发展建议

我们对于服务贸易监管机制的研究不应该仅仅停留于对其的建立之上,还要通过长远的目光,结合实际情况,将其应用于发展之上。

在自由贸易港区的基本运作中,其特有的自由、相对独立的方式经营运转,能够较大限度地提高自由贸易港区的收益效率。在这之中,服务贸易监管机制对于提高运转效率所能起到的作用是不容忽视的。而要在自由贸易港区方面取得更大进步,使经济能够平稳、高速发展,对于服务贸易监管机制的研究、改良都是必不可少的,也应该对此提出更高的要求。

随着贸易方面的高速发展,服务贸易也随之进步、发展,在贸易方面的规模、占比不断扩大,与其他贸易的交融不断加深,最终作用于自由贸易港区的经济发展。因此,切实有效的监管机制既是对服务贸易的监督监管,也是扩大开放程度、开拓发展空间的必然选择。正因为自由贸易港区能够给地方和国家带来极大的发展前景和经济优势,所以我国建设自由贸易港区服务贸易监管机制并将其发展为更加成熟的模式既是需要也是必要。

1.在上海自由贸易港区建设服务贸易监管机制

首先,如果在上海自由贸易试验区的基础之上建设发展成为自由贸易港区,由于已经拥有了一定的经验,所以在未来的建设发展中,不仅容易在领导建设的思想上形成统一的共识,而且在改革过程中更容易协调各个行政机构,提高自由贸易港区建设的效率。上海作为我国目前经济实力出色,对外开放水平较高的城市,之所以能够在已经建立自由贸易试验区的基础之上,继续发

展建设自由贸易港区并建设服务贸易监管机制,主要是因为以下几个方面的原因:

第一,在过去已经进行的改革过程中,上海自由贸易试验区实际已经积累了大量的经验。在有关于简政放权的改革方面,上海自由贸易试验区已经取得了相当有成效的进步。例如其所拥有的负面清单制度、责任清单制度,可以说是在相当的程度上对于我国在行政管理等方面积累的问题提供了有效的、值得借鉴的解决思路。而且,在关于市场准入制度的改革方面,上海自由贸易区通过其在保税区长期以来积累的建设经验,大胆地实现了注册方面的改革。因此,上海自由贸易试验区一步步成为我国在市场准入改革方面的重要试验田。因此,在已有的制度框架之下,服务贸易监管机制的建设也会具备相当程度的便利条件。

第二,因为在自由贸易港区的现实建设中需要具备一定的便利条件,所以自由贸易港区的位置通常设立在城市的港口码头,其主要原因在于:这些城市从地理条件方面即在对外开放的方面具有明显的便利条件。同时,在其建设单独关税区上,即具备了关于管理上的优质条件。如果,在我国的内地建设发展自由贸易港区,那么,因为内陆的地理环境等方面,就必须修建相对来说封闭的关税管理设施,管理成本相对较高。而且可能会受到地形所限制,导致在货物和人员的进出上十分不便。而结合上海的实际情况来看,首先,上海本身作为沿海区域的特大城市,如果说能够在上海区域内建设自由贸易港区,在这方面就可以充分地利用其本身具备优质的港口资源和码头资源。其次,建立自由贸易港区的选址,可以在区域内的深水码头等地附近,这样做能够充分地将货物集散所需要的部分优势条件确立在港口码头等地,而且从另一个角度来说,生产要素的组合也可以由此得到充分地实现,最终实现类似于贸易、投资、运输、资金、人员从业等方面的自由度。

第三,上海由于其长期以来的发展,是国际化程度较高的大都市,本身能够具备的影响力和号召力显而易见。所以,如果我国能够在上海建设成功较大的自由贸易港区,能够大规模吸引外来投资再次落户,从另一方面来讲,再次建设服务贸易监管机制也更容易得到更高的认同度,从而使该机制获得更好的发展机会,不但对自身的发展是优良机遇,同时也能起到借鉴作用。

自由贸易港区在资产经营和资本经营上,都可以具有相同的进行程度。但是,随着自由贸易港区的不断发展,类似于服务贸易监管机制的建立之类的问题终将会困扰着自由贸易港区的发展前景,这也是高速发展下的一大痛点,而如何解决这一痛点,正如同前文所提出的部分建议一样,需要始终结合实际,最终得到适应其自身的优秀机制。而在未来的建设发展中,需要不断地对长久发展所带来的经验教训及时进行总结。例如,可以在制度上强化对自由贸易港区的监管,尤其是服务贸易监管,在实际行使制度的过程中,采取种种有效措施在促进生产进步的同时保证该区域在监管上不出现漏洞。基于上海已经具备的经济实力,上海的自由贸易港区建设已经拥有了一定的基础。所以,在制度方面的改进更是未来发展的重中之重,监管方面的改良条件也已经具备,接下来的重点就在于创新和发展,既要承接已经拥有的成绩,更要在未来的发展中获取更大的进步。

2.在海南自由贸易港区建设服务贸易监管机制

我们知道,最初的自由港诞生在海港,并依托海港最终发展壮大。而自由贸易港区的发展和服务贸易监管机制的建立是不可能一蹴而就的,正确的道路是随着历史的发展进程,逐渐地根据时代的经济社会发展得以演化发展而来。因此,海南是一个很好的选择,而其自身如果要进一步将对外开放的窗口扩大,就需要发展自由贸易港区的建设,保证发展建设的目标是与其经济社会的发展目标相一致,为自由贸易港区建设的未来发展规划服务,能够明确其自由贸易港区的发展定位,并且逐步推进自由贸易港区服务贸易监管机制能够有效建立。

我国在全面深化改革的发展道路中提出,自由贸易港区的建设是我国在建设过程中终将得到的必然结果。随着国务院决定将海南建设为自由贸易区,并且提出不但要建设自由贸易区,更要在此基础之上探索未来对自由贸易港区的建设。这既是我国在全面深化改革的必由之路上的一环,同时也可以表现为我国的全面开放的发展目标。

自由贸易港区不可能是成为国家建设中的法外之地。所以自由贸易港区的建设需要遵守法律和相关授权。同时,在自由贸易港区的建设中实施的有关规定,需要相关组织和部门充分地尊重无论企业或者个人的相关意愿,在主体的积极性、创造性和主观能动方面起到积极的作用,最终将服务贸易监管机制的建立作为一种对于保障性的制度建设而进行发展。

随着这些年我国21个自由贸易区的建立,为未来能够进一步推进发展自由贸易港区的建设已经奠定了良好的基础,自由贸易区的建设不断得到相关的宝贵经验,同时也在进行着深入地研究和推广。在目前国内自由贸易区的建设已经取得了一定的成绩的情况下,继续发展自由贸易港区和服务贸易监管机制的建设显得更为水到渠成。而海南在自由贸易港区服务贸易监管机制建设发展的道路上可以如同前文中所提到的建议一样,继续根据自身优秀的基础条件和准确的发展定位继续加以创新发展,以求能够获得更大程度的经济发展。

为了海南建设自由贸易港区服务贸易监管机制可以更为稳定发展,可以结合其自身特色,通过制定专门法律进行规制:将当地的自由贸易港区服务贸易监管机制与其他经济建设区域的服务贸易监管机制进行区别,制定专门法律用以进行一定的规制,如此的优势在于能够将所需要调整的法律关系加以明确化,使之具备较强的针对性。同时,这也表示着如果该专门法律与类似于《中华人民共和国海关法》①一旦产生冲突,特别法在效力上即会优于统一法。

因为自由贸易港区服务贸易监管机制在国境内以及海关外的地位主要是依赖于法律的授权,因此,从自由贸易港区的建设到发展过程需要得到公权力的授权并接受其监管。所以,结合海南的自身条件,该专门法律的制定需要从以下的方面对此加以限制和规范:

第一,需要进行关于自由贸易港区功能的港口设置。首先,自由贸易港区应该以交通运输的功能为基础设置,类似于如船舶进出、货物装卸、旅客转移等功能上所需要的设施要件仍然亟待满足。因此,需要明确表现具有自由贸易港区功能的港口应该满足的条件,例如港口上的码头、停泊位、相关的经营设施、用于仓储的场站等方面均应该尽可能地满足自由贸易港区的交通运输功能上的需求。为了能够达到服务贸易监管机制这一目的,可以由我国的交通运输部对海南当地的空港、海港进行一系列的综合评估,最后得出能够成功进行该建设的计划。

第二,自由贸易港区服务贸易监管机制内对于相关企业的一定监管条件。其具体表现为企业的确立和其固定资产的变动方面监管较为严格,但是相对的,企业的经营监管环境相对宽松。所以,在未来的建设过程中,企业自身的准入资质应该受到严格的监管,以此达到防范部分资质不良的企业在港区进驻的情况;当企业确立后,由于确立时实行的许可制度以及保证了该企业的资质,所以该企业在港区内的服务贸易经营活动可以实行较为宽松的待遇。但其关于固定资产的数量和面积方面进行变动的再投资行为与其经营业务的变更行为,仍然需要得到特定行政机关的核实和准许才能得以进行。

第三,对于服务贸易上的广泛监管。在保证贸易活动正常经营流通的前提下,可采取专项活动,针对特定的贸易活动——服务贸易进行监管,经过查验后,如果发现相关违法行为可以给予其严厉处罚。基于服务贸易自身具备

---

① 《中华人民共和国海关法》:为了维护国家的主权和利益,加强海关监督管理,促进对外经济贸易和科技文化交往,保障社会主义现代化建设,特制定本法。

的特殊性，监管的范围、内容、方式都应该给予一定规划和限制，尽可能多方面、多渠道进行监管。

结　语

自由贸易港区的建设离不开实践与经验的结合，服务贸易监管机制的确立与发展也需要随着时代的进步不断发展和完善。经济全球化是当今世界发展的主要趋势，国际上的经济交流与合作是各国发展的重要渠道，服务贸易是以经济为基础的重要交易活动。随着我国的服务贸易领域立法不断完善，既可以促进在此领域的进步，也是服务贸易监管机制研究的重要风向标，指引着我国服务贸易监管机制取得重要成果。面对外来的冲击和内部市场需要扩大发展的现实情况，自由贸易港区的设立是一个契机，可以在这个经济高速发展的区域内获得经验教训，同时，也是一个使目前的机制得到实际验证的有利机会。服务贸易监管机制的确立，在对内和对外的两个方向上都能使我国服务贸易业得到长足的进步空间和发展前景。另外，因为服务贸易监管机制的范围包括了商品服务贸易的法律制度、海运服务贸易的法律制度、空运服务贸易的法律制度等等，所以在研究服务贸易监管机制的过程中也要结合实际情况，进行特色的建设，用以确保该机制的运行过程中不会出现基于不同情形下的其他问题的发生。不能妄图通过一种制度解决无数问题，这是不现实的，也是需要警惕的。在国家的不断发展中，对外开放始终是重要的一节，在经济、文化、政治上都能起到重要的作用。同样，自由贸易港区的设立就是对外开放的重要环节、有利环节。另外，在当代社会中，服务贸易所占据的比重越来越大，因此，对外开放建设自由贸易港区也是服务贸易发展扩大的重要契机，对其的监管机制研究顺理成章地成了我们研究发展的重中之重，建立有效监管机制，以此推进新一轮对外开放，从而有效促进对外贸易增长，进而进一步加强我国的经济实力，最终完成多项目标的共同受益。

Rerfection on Regulatory Mechanism of Service Trade in Free Trade Port Areas

Song Yunbo

Abstract：Different countries have different status quo and development modes in the field of service trade supeivision mechanism. Sone relevant provision in GATS restrict and regulate trade in service, but they have certain limitations. In order to make greater progress in free trade zone, also in order to be able to make our country economy to further smooth and rapid development. opening up to the construction of free trade part area as well as expanding service trade development an important opportunity, would become a top priority for its regulatory mechanism research, establish and improve effective surpervision mechanism to promote a new round of service trade opening to the outside world. Thus effectively promote the growth of foreigh trade, further strengthen the comprehensive economic strength of our courty, to build free trade port area in higher level.

Key words:Free Trade Port Area; Services Trade ; Regulatory Mechanisms

高水平对外开放背景下重庆自贸区进出口食品安全风险防控法律规制路径研究[*]

田　路^{**}　李昱阳^{***}

摘要: 习近平同志对重庆提出建设成内陆开放高地的发展目标,中国(重庆)自由贸易试验区自成立以来,大力推动高质量发展的实现,在自贸区海关特殊监管区域内深化通关便利化措施改革,自贸区货物贸易实现了稳健的发展。与此同时,针对具有安全风险属性的进出口食品贸易环节,食品安全监管的法律规制不仅必不可少,更应当全面深化与落实。鉴于此,在社会共治和风险防控的理念下,推动自贸区进出口食品的安全风险防控法律规制,是实现食品贸易安全与便利的价值统一。

关键词: 中国(重庆)自由贸易试验区;食品贸易;风险防控

2020 年 10 月 29 日,中国共产党第十九届中央委员会第五次全体会议审议通过会议公报指出,建成健康中国是基本实现社会主义现代化的远景目标之一。全会提出"统筹传统安全和非传统安全,把安全发展贯穿国家发展各领域和全过程,防范和化解影响我国现代化进程的各种风险"。食品安全作为我国传统安全的重要环节,直接影响到人民群众的身体健康和生命安全,是关系到国计民生的核心工作。

近年来,我国布局了一大批自由贸易试验区(以下简称自贸区),在构建新发展格局的指引下,自贸区不断提高发展水平,形成更多可复制可推广的制度创新成果,自贸区建设将担负起成为新时代改革开放新高地的重要任务。在

---

* 本文系重庆市社科一般研究项目"中国(重庆)自由贸易试验区进出口食品安全风险分析法律制度研究"(2017YBFX126)的研究成果。

** 田路,西南政法大学国际法学院讲师,法学博士。

*** 李昱阳,西南政法大学行政法学院硕士研究生。

此背景下,本文将以进出口食品安全风险防控为理论指导,初步对重庆自贸区进出口食品安全风险监管现状进行分析,并在现状分析的基础上建构风险防控便利化和安全协调的路径选择。

一、自贸区进出口食品安全风险防控新支点

(一)单一监管迭代为全面风险防控

现代食品安全管理哲学正在从传统的违法惩处所代表的事后行政监管模式转变为对风险的防控为标志的全过程系统化的风险防范与化解理念,风险防控理论的产生也对风险防控监管提出了新的任务。

风险防控理论是构建自贸区食品安全风险防控法律制度的重要基础理论之一。[①] 风险即面临的伤害或损害的可能性。食品安全更是一个风险高聚集的领域,"从田间到餐桌"的过程中存在着诸如添加剂成分致害,农药超标等对食品安全质量存在风险的生物性、化学性和物理性因子或因素,它们或单一或以组合的方式加剧着食品安全风险。

区别于传统的政府监管模式,风险防控制度强调所有的利益相关者均是风险主体,政府监管不能在制度设计时独立于食品市场之外。风险防控理论吸取了商品经济学的思想灵感,将食品供应链安全上的生产经营主体类同假设为商品经济模式下的经济人,即在市场经济运行过程中以理性自利、寻求经济利益最大化为目标的主体。食品在现代社会中更多的时候也是一种商品,食品生产经营主体在本质上也是以经济利益最大化为目标的经济人[②]。因此,在"经济人"假设的前提下,由于经济人在从事商业活动时对于剩余价值追求的理性与自利,其在商业投资经营者同时并存着风险与收益,而经济活动的其他参与主体在市场行为中也存在着与经济人密不可分的内在联系,因此只强调经济人经营活动自治或仅突出市场监管者监管权并不能实现市场经济的协调发展,需要将剩余价值索取权和控制权赋予不同的利益相关者,实行"利

---

① 伍劲松、黄冠华:《中国食品安全风险防控机制研究——以广东省 X 市为例》,载《华南师范大学学报(社会科学版)》2017 年第 3 期。

② 伍劲松、黄冠华:《中国食品安全风险防控机制研究——以广东省 X 市为例》,载《华南师范大学学报(社会科学版)》2017 年第 3 期。

益相关者共同治理"，以保证各个利益相关者利益的实现①。

风险防控制度的要求延续了其理论设定，强调食品安全风险主体包含了食品市场运行和社会发展中的所有相关主体参与，包括了经济人，政府监管主体，社会公众，消费者等。区别于传统监管理论强调监管主体通过制定标准、检查检测、违法处罚的方式管理食品领域的秩序，风险防控制度对进出口食品安全风险管理提出了新的任务，即坚持利益相关主体通过免于或消减特定风险来源（如食品添加剂、危险的化学品）乃至有潜在风险的人的接触，从而保护法益。

（二）自贸区食品安全风险防控对象的新界说

进出口食品安全风险防控强调对于风险全过程的防范与化解，风险来源的界定是实现自贸区进出口食品安全风险防控的核心与基础。

1."食品"概念的扩充

法律制度价值的实现，离不开对基础概念的理解，功能定位决定了法律制度运行的活动原则与实施策略②。在进出口食品安全风险防控制度中，最为基础的概念就是"食品"，对于"食品"概念的理解需要与整个风险防控制度的功能定位相匹配。现阶段进出口食品安全风险监管实践中对于监管对象采用的是狭义的理解，其缘由是现行立法对于食品的界定，《中华人民共和国食品安全法》（以下简称《食品安全法》）对食品的定义为专指各种供人食用或者饮用水的成品、原料以及非以治疗为目的的传统中药材物品。同样，GB/T15091—1994《中华人民共和国国家标准：食品工业基本术语》对食品的定义，也仅指可供人类食用或饮用的物质，包括加工食品，半成品和未加工食品，不包括烟草或只作药品用的物质。通俗而言，在传统的定义基础上，风险防控制度所监管的食品仅仅包含食品成品或原料本身，即狭义的食品概念。因此，在此基础上的传统进出口食品安全风险监管的理解即是食物成品、原料本身的安全风险。

随着生活水平和科技水平的不断提高，为增色、增味、保鲜、保质和加工工艺等需要而加入食品中的食品添加剂在人们购买食用的食品中也屡见不鲜，

---

① 贾生华、陈宏辉：《利益相关者的界定方法述评》，载《外国经济与管理》2002 年第5 期。

② 陈家勋：《行政监察：国家行政监督体系中的补强力量》，载《现代法学》2020 年第6 期。

甚至于普通居民对食品安全风险的顾虑,很大比例是因为对食品添加剂问题的顾虑。因此,在进出口食品安全风险防控制度功能定位为保护人们的身体健康与生命安全的高价值定位情况下,我们更应该主动发挥风险防控的功能效用。这即是,在自贸区进出口食品安全风险防控理念指导下,自贸区的安全风险监督应当是将"食品"一词的概念进行扩充,即将监管对象设定为食品成品、原料及食品添加剂。

2."食品安全风险"的广义适用

语承上文,扩充了进出口食品安全风险防控制度中最基础的食品概念后,我们需要从更高层次的法治整体视角,剖析"食品安全风险"的广义适用,这也是进出口食品安全风险防控制度监管对象的核心内容。对于食品安全的传统界定同样来源于现行的《食品安全法》规定,指食品无毒、无害,符合应当有的营养要求,对人体健康不造成任何急性、亚急性或者慢性危害。相应的,在进出口食品安全风险监管领域中,对于食品安全风险的传统概念界定主要来源于国际食品法典委员会的界定,强调的是在狭义食品定义的语境下,食品中的某种危害造成的对人体健康或环境产生不良效果的可能性和严重性。以文义解释方法对该概念界定进行理解,主要针对的是存在于食品本身中的对"人体健康或环境"产生负面影响的安全因素,包括生物性、化学性和物理性因子或因素,即是"食品安全性"的客观因素[①]。

传统的食品安全风险概念强调的是"食品"本身的有毒有害因素对于安全风险的作用,即食品本身的风险影响过程,却忽视了现实生产经营中的外力影响。现代社会的食品供应有别于自然经济背景下的粮食自给自足模式,现代食品行业的供应链涵盖着食品从生产、制作、运输、加工到销售的全过程,因此,食品的安全风险除去其本身客观因素的存在外,还包括诸多人为的因素影响。如食品生产经营过程中由于人为因素导致的致害物质使用,食品安全监管主体故意或过失情形导致存在安全质量问题食品流入市场,当然还包括食品安全标准因人们认识的局限性而在事实上造成影响人体身体健康或环境的风险。

基于上述分析,力图使进出口食品安全风险防控制度实现更高层次的法治,对"食品安全风险"的建构需要采用更加广义的理解,即明确食品的安全风险的来源一方面在于"食品安全性"的客观因素,也同样存在于食品供应链中

---

① 刘永胜:《食品供应链安全风险防控机制研究——基于行为视角的分析》,载《北京社会科学》2015 年第 7 期。

的人为因素,主要为食品在生产、制作、运输、加工、销售等过程中由于人为原因而导致产生的食品质量安全风险。因此,风险防控制度的设计和运用应广义适用"食品安全风险"的概念理解。

二、重庆自贸区进出口食品安全风险防控的现状分析

我国《食品安全法》明文规定了"食品安全风险分析制度",在立法层面确定了对食品生产经营活动的全过程监管原则,强调了"预防为主、风险管理、全程控制和社会共治"的基本原则[①]。此外,我国相继出台了《中华人民共和国商品检验法》《中华人民共和国进出境动植物检疫法》《中华人民共和国对外贸易法》《中华人民共和国农产品质量安全法》《中华人民共和国国境卫生检疫法》《中华人民共和国食品安全实施条例》等一系列法律、法规和规章,从立法层面共同构建了我国食品安全风险预防法律体系[②]。

整体而言,我国针对进出口食品安全的法律规范体系以《食品安全法》及其实施条例为核心,辅以《中华人民共和国进出口动植物检疫法》《中华人民共和国进出口商品检验法》等法律及相应的实施条例,及相关监管职能部门的规章、规范性文件等为补充。《食品安全法》在其中处于统领性地位,而其他法律规范文件则是针对具体事项的具体规定。

(一)重庆自贸区进出口食品安全风险监管机构设置

根据2018年国务院深化机构改革后的设置,承担食品进出口监管工作任务的主要是海关总署。对应海关总署进出口食品安全局总体负责对食品的进出口实施管理的监管机构设置,重庆海关进出口食品安全处负责重庆自贸区大部分食品进出口的监管工作,依法承担进口食品企业备案注册和进出口食品、化妆品的检验检疫、监督管理工作。

对应海关总署口岸监管司负责进出口食品安全风险监管的具体执法管理,重庆海关口岸监管处负责拟订重庆自贸区在内的进出境食品海关检查、检验、检疫工作制度并组织实施开展具体工作,承担海关管理环节的口岸管理工作。

---

① 国家质检总局:《2016年中国进口食品质量安全状况白皮书》第1页,http://www.gov.cn/xinwen/2017-07/15/content_5210705.htm,最后访问日期:2020年11月6日。
② 韦凯、李永林:《凭祥口岸进口预包装食品和化妆品监管现状及对策》,载《中国国境卫生检疫杂志》2009年第4期。

(二)重庆自贸区进出口食品监管安全风险防控原则的实施

1.重庆自贸区进口食品安全覆盖的监管措施

推进进出口食品安全风险防控体系和能力现代化,关键是构建系统完备、科学规范、运行有效的制度体系,以系统思维构建安全格局并予以落实。具体至重庆自贸区落实进口食品安全风险防控的措施中,主要表现为"进口前、进口时、进口后"各个环节的进口食品安全监管体系①。

首先,在"进口前"环节,重庆自贸区进出口食品安全风险监管主体实施进口食品审查管理措施,以科学审查和严格准入为方针,以源头监管为重点,强调进口重庆自贸区监管辖区的食品需经出口方政府按照出口方政府与进口方政府共同核定的食品安全生产标准进行检验监管,并随附官方证明文件②;与此同时,重庆自贸区进出口食品安全风险监管机构在进口食品"进口前"按照措施设置,需对进口食品生产企业质量控制体系进行评估和审查,准予注册的前提是上述进口食品企业质量控制体系符合我国国内法规定的要求,对输华食品境外出口商和境内进口商实施备案,落实进出口商主体责任,实现对进口食品的源头把控③。

其次,针对进口食品"进口时"的安全监管要求,一方面是要求重庆自贸区进出口食品安全风险监管部门实施必不可少的严格检验检疫措施,另一方面,重庆自贸区进口食品监管部门还需落实食品安全风险预警机制④,强调对监管辖区内发现的安全风险应及时控制并发布警示。此外,还针对进口食品合格第三方认证制度的落实,设立了进口商随附合格证明材料、输华食品检验检疫申报机制⑤。

最后,"进口后"的食品安全风险监管要求重庆自贸区监管部门实施严格的进口后续监管,落实进口食品追溯体系和质量安全责任追究体系。通过制定可实操性的应急预案,设置包括现场管控、密切接触人员检测、环境物品采

---

① 逄丽:《严格监管,加强合作》,载《中国国门时报》2015 年 4 月 8 日第 2 版。

② 海关总署:《2017 年中国进口食品质量安全状况》第 12 页,http://www.gov.cn/xinwen/2018-07/20/content_5308105.htm,最后访问日期:2020 年 12 月 3 日。

③ 国家质检总局:《2016 年中国进口食品质量安全状况白皮书》第 16 页,http://www.gov.cn/xinwen/2017-07/15/content_5210705.htm,最后访问日期:2020 年 11 月 6 日。

④ 刘昕:《进口食品安全监管体系覆盖全程》,载《国际商报》2018 年 8 月 9 日第 3 版。

⑤ 《进出口食品安全管理办法》第 12 条、第 13 条、第 16 条;《国务院关于印发 6 个新设自由贸易试验区总体方案的通知》(国发〔2019〕16 号)。

样、问题食品消杀清洁等具体实施步骤,确保进口食品进关后的全过程监管实现。同时针对可能存在的因进口食品安全风险导致的传染病风险,重庆自贸区进出口食品安全风险后续监管还包含了第一时间开展流行病学调查、对流出货物进行溯源追踪和管控、对暴露人员的相关人员实行分类管理等内容。

2.重庆自贸区出口食品安全监管下的诚信备案措施

随着食品进出口贸易行业的不断发展,规模逐渐扩大,贸易量也在近年呈现爆炸式增长。贸易量倒逼出口食品安全风险监管机制的调整:如从"逐批成品检验"进化为"抽批检验"的监督模式的转变。这批检验指的是通过将进口国、企业进行分类且将产品定级,以使用不同的"抽批率",同时建立企业诚信档案,利用信息技术的发展为出口食品监管提供的技术化、电子化支撑,有力地推动了出口食品安全监管的实现。

主要包含备案管理措施。首先是实施原料种养殖场备案管理,要求出口食品生产企业和出口食品原料种植、养殖场备案,针对部分法律要求的情形需随附供货证明。其次,实施出口食品生产企业备案管理制度,要求我国境内的出口食品境外出口商或者代理商、进口食品的进口商向进出口食品监管部门备案。最后,重庆自贸区出口食品监管机构在风险评估的基础上制定国家出口食品监督抽检计划,按类别食品不同规定监督抽检比率及实验室检测项目,实施出口食品监督抽检管理工作。

(三)重庆自贸区进出口食品监管贸易便利化提速

1.重庆自贸区"证照分离"试点改革

在借鉴先行贸易试验区成功经验的基础上,重庆自贸区制定施行《中国(重庆)自由贸易试验区条例》,从管理体制、投资促进、内陆开放等方面对贸易便利化进行了深化,落实在进出口食品贸易领域上,重庆自贸区进出口食品安全风险监管结合"证照分离"的改革思路,采取了"直接取消审批、审批改为备案、实行告知承诺"等几种"证照分离"方式推进进出口食品贸易领域便利化改革。

其一,直接取消审批①。进出口食品贸易领域的便利化改革的核心是监管模式的改革,对于在实践发展中认为设定审批实无必要,可以通过行业自律即事后监管即能实行有效监管的经营许可事项,可以直接取消审批。

---

① 赵龙飞:《涉企经营许可事项清单管理和分类推进审批制度改革》,载《中国市场监管研究》2020 年第 1 期。

其二,审批改为备案。对重庆自贸区进出口食品贸易领域内认为可以取消审批的涉企经营许可事项,仅需该贸易领域相关企业及时提供信息,即可由审批制度改为备案制度。如"出口食品生产企业备案核准"由审批改为备案,同时对登记注册在重庆自贸区的企业申请"报关企业注册登记"实施"审批改为备案"。重庆自贸区相关监管主体通过备案制度改革,实现进出口食品贸易便利化改革。

其三,实行告知承诺。对确需保留的涉企经营许可事项,企业就符合经营许可条件作出承诺,有关主管部门通过监管能够规范不符合经营许可条件行为、有效防范风险的,实行告知承诺。如重庆自贸区范围内口岸区域内的"口岸卫生许可证(涉及公共场所)核发"事项实施"实行告知承诺"便利化改革。

2.重庆自贸区"空检铁放"进口食品便利化通关改革

实现进出口食品贸易领域高标准高质量的自贸区建设目标,意味着重庆自贸区在严格落实进出口食品安全风险防控高标准规制体系的同时,也需要发挥先行先试的制度优势促进贸易便利实现高质量的发展。在借鉴先行自贸区经验基础上,重庆自贸区创造性的针对渝新欧返程进口食品制定了"空检铁放"新型监管模式,该措施适用于实施空检铁放模式的渝新欧铁路进口大宗食品的检验监管工作。

铁路运输返程进口食品前,企业可以先行向铁路办申报预检,铁路办根据企业的申报信息确定同批食品的空检抽样样品,并制定抽样方案。该空检样品抵运机场后向机场局报检,由重庆出入境检验检疫局具体实施样品检验。空运样品与铁路商品视为同一批共同进行监督管理。铁路商品实际进口后,铁路办只做现场监督查验,不再进行实验室检验①。简而言之,即在渝新欧铁路进口食品进口前,允许进口商通过航空把同批食品检测样品先行空运至重庆实施预检测,对铁路运输食品认可空运样品检验结果实施合格评定。"空检铁放"措施的制定与实施,是重庆自贸区服务进出口食品贸易扩量增效,深化便利化通关和提升通检速度的重要落实措施。

---

① 重庆出入境检验检疫局:《重庆检验检疫局渝新欧返程进口食品空检铁放实施方案(试行)》,http://law.foodmate.net/show-191362.html,最后访问日期:2020 年 12 月 10 日。

三、重庆自贸区进出口食品安全风险防控便利化与安全协调的路径选择

法治是国家治理体系和治理能力的重要依托。全面推进实现重庆自贸区进出口食品安全风险防控是一个系统性的工程。一方面，随着进出口食品安全风险的频发，强调进出口食品安全是保障国泰民安的基础性工作，另一方面应对风险的能力提升需要以法治为前提，注重风险防控的系统性、整体性和协同性。重庆自由贸易试验区的设立和建设，其主要功能是为推动货物贸易便利化的实现。进出口食品贸易在自贸区监管的难点也在于此，即更便捷的食品进出口流程的贸易需求与食品安全风险危机下的安全前提之间的现实冲突，这也是进出口食品安全风险防控法律制度在重庆自贸区的价值实现所需要解决的难题。

（一）树立全过程进出口食品安全风险防控的法治理念

进出口食品安全风险监管的价值追求是保护广大人民群众的身体健康、生命安全以及国家整体安全，而实现进出口食品安全风险防控价值的保障，是贯彻法治的理念。

在进出口食品贸易过程中，自贸区进出口食品监管体系应当贯彻全过程的风险防控的法治理念，科学为决策的前提，法律为实践的准则。食品安全风险的来源具有分散性特征[①]，包括食品从生产、制作、运输、加工到销售的全过程中的自然因素，同时也包含食品链上利益主体的行为因素，在市场经济和个人利益的催动下，风险量规模巨大，且风险因素之间相互影响。因此，全过程的进出口食品安全风险防控制度，其运行的前提是科学的支撑。重庆自贸区实施进出口食品安全风险防控制度时，应避免脱离科学的行政决策导向，将风险管理运用到风险防控的全过程。同时，在安全监管措施实施中，应避免以对行为人的行政过程监管和以行政处罚为中心的监管思想，充分发挥风险信息交流沟通机制，强化事前风险评估及事后监管回溯，才能最大限度凝聚社会共识，规避传统监管模式下监管节点有限和监管方式简单粗暴的弊端，从而从根本上规避食品安全风险的来源威胁，形成真正的事前事中事后食品安全风险

---

① 曾文革、肖峰、黄艳：《论我国食品安全风险防控制度构建的系统化道路》，载《东北师大学报（哲学社会科学版）》2014 年第 5 期。

全过程防控。

(二)制度落地创新进出口食品安全防控的规制体系

"法者,治之端也。"依法治国是党领导人民治理国家的基本方略,法治是治国理政的基本方式。进出口食品安全风险防控工作中,法治的规制,是善治实现的基础[①]。

重庆自贸区需综合利用立法、执法、司法途径完善风险防控制度,不断提高运用法治思维和法治方式深化改革的能力,做好食品安全风险防控的安全前提,化解便利化矛盾。重庆自贸区在落实进出口食品安全风险防控制度时,需制定完善的措施规定予以落地。一方面在依靠法律体系保障食品安全时,做到有法可依,另一方面,也是对自身执法权的规范。要重视基层执法工作,保证执法落地。

(三)社会共治推动进出口食品安全协同发展

坚持法治为了人民、依靠人民、造福人民、保护人民。在推动进出口食品安全风险防控制度得以良好运行的关键在于坚持"以人民为中心",重庆自贸区进出口食品安全风险防控的建设与实践需要积极回应人民群众新要求新期待。食品安全风险防控制度的协同防控要求,指的是风险防控制度需要依靠食品经营主体、监管主体、消费者等各方主体最大限度地凝聚社会共识形成合力,共同实现食品安全风险防控的系统性、协调性,这是对自贸区进出口食品安全风险实践创新的必然之路。

现阶段监管制度影响下利益主体之间协同度不高,其现实根源在于现行的食品安全风险监管制度以监管权为中心。具体而言,《食品安全法》赋予了政府职能部门行使食品领域的安全监管权力,并规定了相关协调监管主体。监管职能部门依据法律授权制定行政监管权行使的具体细则规定,通过检查、制定安全标准、经营规范以及处罚等形式对食品链生产经营主体实施监督管理,生产经营者则需承担遵守政府制定的安全标准、经营规范的行为义务,消费者则基于政府披露信息享有知情权或因自身权益受损享有向政府职能部门举报权利。

创新进出口食品风险防控制度是为了保障大众的食品安全,促进食品贸

---

① 熊先兰、李湘晴:《健康中国背景下食品安全风险防控体系创新探讨》,载《湖南学院学报》2020 年第 3 期。

易的发展,提高人民的幸福生活。因此,政府、市场和社会三者之间需要形成良性的互动,推动国家治理能力现代化。寻求社会力量的参与成为食品安全治理的新走向,着眼于社会公众的实际需求,拓宽信息交流和监督渠道,形成多要素主体之间的协同共治,实现进出口食品安全的协同发展。

(四)贸易便利化措施方式的拓展

积极推进通关程序简化是拓展贸易便利化的重要内涵,也是提升营商环境的重要体现。在进出口食品安全风险防控中,科学的风险分析是实现进出口食品安全前提的同时追求贸易便利化的重要途径。

自贸区应积极落实以风险分析为基础的进出口食品防控方式,细化前期风险评估工作,全面检视和分析进出口食品安全,同时以风险进出口食品安全风险监测和评估为基础落实进出口食品安全风险管理系统,利用"互联网＋"信息技术数据平台,根据风险管理标准、相关信息、供应链审查和物流供应商审查等多种信息来源,对进出口食品进行选择性的监控以快速有效平衡各项监管和贸易促进职能①。实现将主要资源用于监管高风险进口食品的同时,也便利了低风险出口和认证许可制,进而积极拓展贸易便利化内容,促进进出口食品贸易的发展。

四、展望

2019 年末以来,新冠病毒肆虐造成的进口冷冻食品安全事件,对食品进出口安全管理工作形成了严峻的挑战。随着重庆自贸区的快速发展,食品安全问题对进出口食品安全风险防控制度提出了更高的要求,其双重目标为既保护广大消费者的健康,又保障我国外贸企业在经济新常态下赢得国际市场。在重庆自贸区进出口食品安全风险防控中,坚持全面贯彻风险防控理念,做好安全与便利化的平衡,建立健全安全风险防控体系与制度设计,以更好适应高水平对外开放新格局。

---

① 刘涛、田鑫:《进出口食品安全监管"新常态"及应对探析 》,载《重庆理工大学学报(社会科学版)》2017 年第 7 期。

Research on the Legal Regulation Path of Import and Export Food Safety Risk Prevention and Control in Chongqing Pilot Free Trade Zone, Under the Background of High Level Opening Up

Tian Lu　　Li Yuyang

Abstract：General secretary Xi Jinping put forward the construction goal of inland open highland for Chongqing. Since the establishment of the China (Chongqing) Pilot Free Trade Zone，the Chongqing Pilot Free Trade Zone has vigorously promoted the realization of high quality development，and has deepened facilitation measures reform in the special customs supervision area of it，and achieved sound development in the trade zone of goods. At the same time，for the import and export food trade links with safety risk，the legal regulation of food safety supervision is not only essential，but also should be comprehensively deepened and implemented. In view of this situation，the concept of social co-governance and risk prevention and control，promoting the legal regulation of safety risk prevention and control of import and export food in pilot free trade zone is to realize the value unification of food trade safety and food trade convenience.

Key words：China(Chongqing)Pilot Free Trade Zone；Food Trade；Risk Prevention and Control

新发展格局背景下自贸试验区更大改革自主权法治保障论析

徐忆斌*　张兵义**

摘要：在以国内大循环为主体、国内国际双循环相互促进的新发展格局背景下，对赋予自由贸易试验区更大改革自主权提出了更高的法治保障要求。我国当前自贸试验区改革自主权存在的不足表现及其透露出的权力运行不畅、权力授予不足、权力保障不够三大问题，归根到底是由于自贸试验区的法治建中立法模式碎片化、地方授权不清晰和国家立法缺位化所造成的。对此，采取加快国家立法，协调央地事权；改革立法模式，创新立法方式；以及对接立法司法，落实容错机制等完善举措，将激发自贸试验区在新发展格局中再立新功。

关键词：新发展格局；自由贸易试验区；更大改革自主权；法治保障

引　言

我国目前已设立 21 个自由贸易试验区，复制推广了 260 项制度创新成果。[①] 在此基础上，完善自由贸易试验区布局，赋予其更大改革自主权，稳步推进海南自由贸易港建设，建设对外开放新高地[②]，是党在"十四五"规划中进一步明确的自由贸易试验区建设的战略重任。法治是保障赋予自由贸易试

---

　*　徐忆斌：西南政法大学国际法学院副教授，法学博士。

　**　张兵义：西南政法大学国际法学院硕士研究生。

　①　习近平：《把握经济全球化大势　坚定不移全面扩大开放》，http://www.qstheory.cn/dukan/qs/2020-12/15/c_1126857386.htm，最后访问日期：2020 年 12 月 15 日。

　②　《中华人民共和国国民经济和社会发展第十四个五年规划纲要》，2020 年 10 月 29 日中国共产党第十九届中央委员会第五次全体会议通过。

区更大改革自主权决策能够落地生根的关键一环。因此,在宏观社会矛盾转移的新时代背景下,发挥法治在自由贸易试验区建设过程中的引领、规范、保障作用,是全面贯彻落实"赋予自由贸易试验区更大改革自主权"决策的应有之义。

一、新发展格局下自贸区更大改革自主权的法治保障诉求

党的十九届五中全会通过的"十四五"规划中提出,加快构建以国内大循环为主体、国内国际双循环相互促进的新发展格局①,即依托强大国内市场,实施扩大内需战略,畅通国内大循环,同时立足国内大循环,发挥比较优势,协同推进强大国内市场和贸易强国建设。改革开放以来,我国始终坚持以外向型经济体制为导向,以出口作为拉动经济的主要马车,但是新格局下则要求以国内经济发展的良性循环为主体,将经济增长转变为内需拉动型为主导,同时统筹兼顾外贸由大国转变为强国。因此这一变化和调整,不仅仅是模式的转变,更是站位上的提升,我国外向型经济将由十九大报告"全面开放"真正迈入"更高水平开放"。

新发展格局背景下,对于我国更高水平开放型经济新体制的建设也提出了新的要求。十九届四中全会"决定"指出"加快自由贸易试验区、自由贸易港等对外开放高地建设。"而相隔一年,十九届五中全会通过的"十四五"规划中则进一步提出"完善自由贸易试验区布局"。这一表述上的变化表明,在"十四五"期间,新发展格局的构建将会带来对外开放的新发展,作为"更高水平开放型经济新体制"中的一种,我国的自由贸易试验区当然也要通过布局上的完善以适应这种深刻转变。

新发展格局背景下,除了布局的完善,我国自由贸易试验区所肩负的改革创新任务也应适时的提质。习总书记在十九大报告中明确指出,"赋予自由贸易试验区更大改革自主权",而在此次十九届五中全会通过的"十四五"规划中再次强调了"赋予其更大改革自主权"。虽然表述上一致,但本文认为,其在内在要求上发生了根本变化。因为在新格局之下,自由贸易贸试验区自身的使命和意义也需要升级。举例而言,随着《中华人民共和国外商投资法》的正式出台,"负面清单加准入前国民待遇"制度才真正算是由"试验"阶段变为"合

---

① 《中华人民共和国国民经济和社会发展第十四个五年规划纲要》,2020 年 10 月 29 日中国共产党第十九届中央委员会第五次全体会议通过。

法"状态,自贸试验区也算完成了一次改革创新的考验。但从根本上说,不同自贸试验区"击鼓传花"式的"试验"负面清单加准入前国民待遇,与其说是一次改革自主权的释放,不如说只是经历了一次风险压力测试而已,因为众所周知,负面清单制度并非我国改革创新的制度成果。因此从某种意义上可以说,在"国内大循环为主体"的新发展格局背景下,赋予自贸试验区更大改革自主权应该有更多自主改革创新成果的期待。

所以,在新发展格局背景下,赋予自由贸易试验区更大改革自主权有了新的内涵,而使得如何保障更大改革自主权即显得尤为重要。习近平同志强调,"改革和法治如鸟之两翼、车之两轮""凡属重大改革都要于法有据"①,因此需要通过法治来保障自由贸易试验区更大改革自主权,才能使得上述期待可获实现。

二、自由贸易试验区改革自主权法治保障的现状与不足

(一)自贸试验区改革自主权法治保障的现状

为贯彻落实自由贸易试验区战略,切实保障不同自贸试验区的改革创新,我国的自由贸易试验区从设立伊始就通过法治手段推进。较早成立的自由贸易试验区,包括上海、福建、天津、广东,其立法模式都采取"两步走"战略,即各省级政府都以全国人大常委会的授权决定和国务院批准的符合自身特点的《总体方案》为依据,以省级人民政府规章的形式出台《管理办法》,作为应对自由贸易试验区在过渡期先试先行的立法需要。在其后的自由贸易试验区建立中,立法的情况大致可分为国家和地方两个层面:其一,在国家层面,除了早期出现的《总体方案》之外,中央也发布了可普遍适用于自由贸易试验区的部分综合性政策文件,如《自由贸易试验区外商投资准入特别管理措施(负面清单)(2018年版)》等;其次,在地方层面,由于各区域实际情况存在差异化,使得战略定位和担负职能的不同,使得各自由贸易试验区的地方立法呈现出共性之外的个性,如浙江的自由贸易试验区,紧随《总体方案》之后出台的并非《管理办法》,而是《中国(浙江)自由贸易试验区条例》,而重庆和陕西自由贸易试验区只制定了《管理办法》,并无相关条例等。总体来讲,我国自贸试验区的法治

---

① 人民日报评论部:《深入推进全面依法治国》,http://opinion.people.com.cn/n1/2019/1028/c1003-31422634.html,最后访问日期:2020年12月13日。

建设在摸索中不断前进,呈现出以"地方立法为主体,中央文件为配套"的特点,通过这样的模式各试验区的改革自主权也获得了法治保障。

(二)自贸试验区改革自主权法治保障的不足

虽然改革自主权通过上述法治模式得到了确定,对于自贸试验区的建设和发展起到了关键作用,但是从具体的立法和司法实践来看,改革自主权在法治保障方面仍存不足。

首先,央地事权运作不协调。由于存在中央与地方事权的划分,对自贸试验区的地方而言,中央驻地部门多受制于垂直管理体制,无法真正参与央地部门协作,因而地方部门也难以自主推动改革创新的落实。比如涉及出口退税便利化问题,涉及人民银行、国税和海关等部门之间协调,但地方上的这些部门都是中央驻地单位,地方部门牵头的试验区管理机构根本无权协调,而驻地单位参与协调也需要获得上级部门的允许,所以导致"单一窗口"出口退税业务虽在多地自贸区条例中存在,但在实践中难以推动。[①] 因此,自贸试验区所在地方在改革中受制于自身事权,导致改革过程捉襟见肘,自主权无法得到切实发挥。

其次,改革创新程度不充分。现在自贸试验区的立法几乎都是地方自行立法,而受到立法权限制及地方政府考核的顾虑,地方立法难以将改革创新的思路真正纳入立法中去,因为制度创新可能涉及中央事权,或者短期内无法实现而导致考核不过关,因此自贸试验区很多制度改革都是借鉴别的试验区甚至是非自贸试验区省份的现有制度,导致改革的自主性不强,创新性不足,很多自贸试验区立法千篇一律,甚至出现相同内容措辞不同的情况,无法根据布局实现改革试点的目标。

最后,容错机制落实不到位。改革自主权的行使也会带来不确定的风险,这种风险可能是失误导致,也可能是过失所致,需要容错机制对此进行制度保障。而我国自由贸易试验区虽已经慢慢步入试点探索的进一步扩围,但国家

---

① 《中国(重庆)自由贸易试验区条例》第二十一条:自贸试验区实行国际贸易"单一窗口"服务模式,实施海关、边检、海事、税务、外汇等口岸管理部门信息共享、监管互认、执法互助。自贸试验区应当推进国际贸易"单一窗口"服务模式改革创新,公示口岸进出口收费目录清单,定期对收费标准的合理性进行评估,完善在线收付汇、出口退税申报等功能,共享国际贸易链条信息,支持扩大跨部门联网核查监管证件范围。自贸试验区应当依托中新(重庆)战略性互联互通示范项目(以下简称中新互联互通项目),加强与新加坡"单一窗口"数据与信息的对接。

尚未对自由贸易区进行宏观立法。① 由于没有上位立法，自贸区本身的规定也不统一，因此在模棱两可的前提下，无法使得容错机制成为激发改革自主权的制度后盾，导致自贸试验区制度创新的魄力降低，甚至自主权沦为摆设，试验的目的无法达成，自贸试验区功能失效。

三、自由贸易试验区改革自主权法治保障不足的成因分析

从理论上而言，我国自贸试验区在改革自主权现状方面的上述不足表现，也可以从权力的角度对应地归结为三大问题，即：权力运行不畅、权力授予不足、权力保障不够。要进一步完善自由贸易试验区的法治建设，在新发展格局背景下赋予其更大的改革自主权，不仅要直面问题，更应深挖原因并对症下药。本文认为，自贸试验区改革自主权出现的不足和个中问题，主要原因如下。

其一，立法模式碎片化。中央与地方事权运作不协调，导致各自贸试验区改革自主权受阻是各自由贸易试验区或多或少都存在的共性问题。而这一问题归根到底，是由于各试验区通过自发立法所形成的"碎片化"立法模式所引发的。通过各自由贸易试验区依据其《总体方案》，制定的《管理办法》或者《条例》，并不是协调中央与地方事权运作的最佳方案。自由贸易试验区作为国家划定的战略发展"新高地"，实际运行仍受地方政府管辖与控制，尽管国家不断深化地方政府职能转化，推动地方政府下放管理权限，但由于自由贸易试验区的改革内容包含了投资贸易便利化、金融开放等众多领域，其中许多重要领域的改革需要多个部门共同决策；同时，由于自由贸易试验区内的一些改革将触及国家事权，如海关、税务等方面的改革，使得地方仍在某些方面受制于中央管理。部门之间的沟通效率，中央对于国家事权的审批效率都将影响赋予自由贸易试验区更大改革自主权的落实与完善。以上这些问题都不是仅仅通过各自贸试验区地方"碎片化立法"所能单独解决的事项。不仅如此，"碎片化"立法模式的存在不仅不利于法治建设的顶层设计，也固化了立法制度的创新发展，强化了地方"保持一致性"思维和运作模式，从而导致赋予自贸试验区改革自主权因缺乏相应的法治保障而无法落到实处，使得通过自贸试验区促进改革创新的目标受到影响。

① 夏红、韩涛：《我国自贸试验区法治建设经验梳理》，载《辽宁师范大学学报（社会科学版）》2018 年 1 月第 41 卷第 1 期。

其二,地方授权不清晰。2015 年 3 月 15 日修正的《立法法》第十三条规定:"全国人民代表大会及其常务委员会可以根据改革发展的需要,决定就行政管理等领域的特定事项授权在一定期限内在部分地方暂时调整或者暂时停止适用法律的部分规定。"该规定虽然为自由贸易试验区的先试先行提供法律依据。但是该规定中并没有明确地方可变通、可调整、可暂停的事项,只是从宏观层面对之进行宽泛化的规定,因此对于自贸试验区这样的特殊区域而言,因其所在地方无法确定权力边界因而可能为改革事项是否有权提出甚至可被采纳的疑惑而导致踟蹰不前,自主性受到影响。比如,《中国(重庆)自由贸易试验区条例》第十条:"创新措施涉及国家有关部门权限的,市人民政府及其有关部门应当争取国家有关部门支持。"从该条款的用词"应当争取国家有关部门的支持"即可看出《立法法》授权自由贸易试验区地方的权限并不能保障赋予地方更多改革自主权的落实。因为"争取"就意味着地方与中央、部门与部门之间的沟通协调,而协调沟通难度大、耗时长,在实践中束缚了自贸试验区自主改革的围界,导致自贸试验区改革推进低于期望值。以金融领域开放创新来说,由于缺乏实施办法而难以推动,很多试验措施无法及时落地,直接导致金融领域的试验效果不佳。[①] 再比如《中国(辽宁)自由贸易试验区条例》第四十二条:"自贸试验区应当完善配套税收政策,逐步推行上海、天津、广东、福建等自贸试验区已经试点的税收政策。"可以看出,地方授权不清晰,导致各自由贸易试验区的制度设计趋向同质化。上海自由贸易试验区作为我国第一个自贸试验区,起到了排头兵的作用,其后陆续设立的自由贸易试验区大体都以上海自贸试验区为蓝本,使得后续的各个自由贸易试验区或多或少都有效仿上海的痕迹。而各地一味地效仿上海,只能使得有的自由贸易试验区存改革创新之形,无自主性之实。

其三,国家立法缺位化。容错机制不到位,导致自贸试验区改革创新方面存在保障力不足的问题,这也与容错机制本身在立法中存在的困境有关,以《中国(辽宁)自由贸易试验区条例》中规定的容错机制条款为例。[②] 首先,该

---

① 程慧、张威:《中国自贸试验区法治建设展望》,载《中国经贸》2017 年第 10 期。

② 第六十一条 符合国家和省确定的改革方向的创新活动,出现失误或者造成负面影响和损失时,相关单位和个人尽职尽责、未牟取私利,主动挽回损失、消除不良影响或者有效阻止危害结果发生的,免除其相关责任;第六十二条 发生本条例第六十一条规定的情况时,省人民政府和片区所在市人民政府及其主管部门应当启动快速反应机制,及时核查,澄清是非;对诬告陷害者严肃查处;对免责的单位和个人,不作负面评价。

条例只规定了能够"容"的错误的大体概况，即符合国家和省确定的改革方向，但对于"能够容忍之错"与"不能容忍之错"未加区分。其次，由于容错机制中的"错"可能涉及对违法犯罪行为的处罚，而对于违法犯罪行为的处罚属于刑事法律规制的范畴，属于国家事权的部分，将其规定在自由贸易试验区的地方立法中，会导致各地方的立法情况不统一，违背罪刑法定原则的要求。最后，容错机制在自由贸易试验区中的有效运行，需要自由贸易试验区与司法机关相互协助配合，但立法现状并未给司法实践提供法律依据。这些问题的存在，使得该条例中容错机制停留于纸面。此种现状的根本原因是容错机制未上升至国家立法层面，缺乏上位法的支撑，使得自由贸易试验区中容错机制只停留于纸面上，缺乏实际意义；同时，由于司法实践中要求"以事实为依据，以法律为准绳"，而缺乏国家立法，出现无法可依的窘境，导致容错机制无法衔接司法，难于付诸实践。

四、自由贸易试验区更大改革自主权法治保障的完善建议

新发展格局背景下，要求赋予自由贸易试验区更大改革自主权，而法治是赋予更大改革自主权能够得到落实的基础。因此，必须完善和提升自由贸易试验区的法治保障。故以赋予自由贸易试验区更大改革自主权的战略布局为契机，本文认为，可从通过以下三个方面，改变现状，解决问题。

（一）加快国家立法，协调央地事权

从制度发展史来看，自由贸易试验区乃我国首创，这是其特殊性，但从制度的实质来看，其不过是 1973 年海关合作理事会《关于简化和协调海关业务制度的国际公约》附件所涵的"自由区"（Free Zone）中的一种，这是其规律性。因此，自由贸易试验区的建设和发展必然需要既尊重其内在规律性，也要注重其外在特殊性。但是在实践中，出现立法模式碎片化所导致央地事权运作不协调，权力运行不畅的问题，更多是缺乏对其特殊性的本质认识所引起的。自贸试验区之所以特殊，在于其本身是一种可以不断改革创新的"试验田"，因此对这种不确定性的考量会影响到对其立法稳定性的认知，从而引发地方立法为主的模式。但即便其可以尝试改革创新，这也不是自贸试验区作为一项国家战略本身不需要通过立法加以保护的原因，反而通过立法特别是国家立法可以解决现存的问题。

首先,加快推进自由贸易试验区国家层面立法是解决现存改革自主权问题的重中之重。"凡重大改革必须于法有据",这既是党对深化改革提出的重大要求,也是制度创新的关键环节,更是规则落实的逻辑前提。一方面,坚持立法先行,发挥立法的引领和推动作用,才能为自贸试验区改革实践工作的顺利开展提供法律依据和处理指引,从而确保自贸试验区的内在发展规律,即其改革自主权得以真正落地。另一方面,"先立法、后设区"的发展模式也是世界上其他具有代表性国家的法治经验。国家层面的立法对自由贸易区内的各项事务进行统筹协调,可以使得国内各自由贸易区在一个较为完善的框架下建设和运营,从而打造出助力自由贸易区稳定高效发展的营商环境,也因此会有助于吸引那些习惯于西方模式外商到自贸试验区从事经营活动。

其次,在国家立法的基础上,还要进一步协调好央地事权。基于中央立法的一般要求和地方立法的特殊性要求,必须明确中央立法与地方立法各自的权限范围。一方面使得地方立法有法可依,保障权力来源有依据;另一方面也可明晰地方的权限边界,从而鼓励地方立法创新。具体而言,在进行国家立法时,遵循确定性原则和委任性原则相结合的基本原则,对于海关、税收、金融等国家事项,采用确定性规则;而在具体实施措施上,采取一定的委任性原则,允许地方进行突破创新。地方可对国家立法的留白部分进行填充、细化,以中央所立之法为依据,明确自身的职责范围。因此在与中央关于自贸试验区立法精神保持一致的前提下,以下文所述容错机制的落实为兜底,才可以真正保障大胆改革和自主创新。

最后,自贸试验区的国家立法与自由贸易港法并行不悖。"海南自由贸易港法"的立法工作已经提上国家立法的日程[①],而且海南也是先设自贸试验区后建自贸港,但我国自贸试验区的国家立法却未见启动,因此有人可能会认为只要有自由贸易港法就可以取代自贸试验区的国家立法。这种理解是存在问题的,因为虽然自贸港和自贸试验区都为我国建设的对外开放高地[②],但实质上两者的功能不同,自由贸易港本身是一个集生产、消费、转口贸易等的经济

---

① 2019 年 3 月 15 日上午,十三届全国人大二次会议圆满完成各项议程后,在人民大会堂胜利闭幕。采纳了海南代表团建议,写入启动"海南自由贸易港法"立法调研、起草工作相关内容的全国人大常委会工作报告,经大会表决批准。

② 党的十九届四中全会通过的《中共中央关于坚持和完善中国特色社会主义制度推进国家治理体系和治理能力现代化若干重大问题的决定》中指出,加快自由贸易试验区、自由贸易港等对外开放高地建设。

生态圈,与自由贸易试验区相比,其具有更大的辐射范围,能够带动周边产业和经济的发展,也更具有制度安排的自由。① 因此,基于功能定位的不同,自由贸易港国家立法主要是出于维护自由之下制度的稳定性,而自贸试验区国家立法对于保护其改革自主权则更为重要且关键。

(二)改革立法模式,创新立法方式

习近平同志指出,要把构建新发展格局同实施国家区域协调发展战略、建设自贸试验区等衔接起来,鼓励自贸试验区大胆试、大胆闯、自主改。② 制度创新是自由贸易试验区建设发展的核心要义,但制度创新需立足地方特色,结合区域战略定位,方能进一步完善自由贸易试验区布局,真正发挥自由贸易试验区的"领头羊"作用。对此,可从以下方面展开:

首先,采取事先授权的立法模式。在国家立法已经确立的基础上,可以进一步通过国家立法改革权力授予机制,给予事前的权力授予,而不是事后根据自贸试验区的发展需求,授予其调整或者暂停相关法律的适用。因为事前授权有利于发挥地方能动性,可使得地方结合区域特色,以市场主体的现实需求为导向,细化落实相关法律文件内容,牵住制度创新的"牛鼻子"。这个方面的例子可以参考2019年颁布的《中华人民共和国外商投资法》,其中第十三条纳入了特殊经济区域可以实行试验性政策措施的特别规定。③ 此外,通过国家层面立法,对涉及自贸试验区创新发展所需事项进行事前授权,也可以避免地方"争取"权限的尴尬。

其次,可以进一步创新立法方式,允许某些自贸区地方可以在一定条件下突破事权所限,自行对某些中央事权事项立法。推动自贸试验区创新发展是实施国家战略的需要,其中大部分的改革内容涉及国家事权。对于涉及中央事权的事项,地方要么需要上报中央,获得批准,要么需要与不同的中央驻地部门沟通协调。这种运作方式,不仅妨碍了地方条例中相关规定的落实,也限制了地方自主权的发挥。对此现状,可以在立法权限上有所突破,即将部分中

---

① 杨旭、徐忆斌:《中国内陆自由贸易港的制度选择与立法构建》,载《法治现代化研究》2020年第5期。

② 习近平:《把握经济全球化大势 坚定不移全面扩大开放》,http://www.qstheory.cn/dukan/qs/2020-12/15/c_1126857386.htm,最后访问日期:2020年12月16日。

③ "国家根据需要,设立特殊经济区域,或者在部分地区实行外商投资试验性政策措施,促进外商投资,扩大对外开放。"

央事权下放地方,鼓励地方立法创新,针对自身战略定位因地制宜、因时制宜地进行制度创新。

(三)对接立法司法,落实容错机制

作为中国经济"升级版"试验田,自贸试验区的建设和发展面临许多新形势、新要求,如何在自贸试验区培育国际化、法治化、市场化的营商环境,提供坚强有力的司法保障和高效便捷的法律服务,是其重要内容。[①] 为充分保障自贸试验区改革自主权,落实容错机制是关键后盾。对此一方面,在立法层面,要将容错机制纳入国家立法,提升其法律位阶,既可为各自由贸易试验区中容错条例提供立法支持,也将保障司法实践有法可依,为容错机制与司法对接适用奠定法律基础,从而使得容错机制真正落实到位。

另一方面,更为重要的是要使得立法上的容错机制能够真正与司法对接适用。目前,部分自由贸易试验区条例中对容错机制进行了规定,结合上文国家层面立法的推进,容错机制可能进一步上升为基本法的规定,为容错机制的实际运行奠定了法律基础,使之有法可依。但是,如何将法律规定的容错机制落实到实践中,做到有法必依、执法必严,又是自由贸易试验区面临的一大难题。

本文认为,可以将容错机制纳入司法体制,主要基于以下两个方面的考虑:其一,将容错机制纳入司法体制,有利于保障容错的制度化、法律化。容错机制的落实,有利于为敢于改革者消除后顾之忧,为"大胆试、大胆闯、自主改"提供制度保障。同时,将容错机制纳入司法体制则可以司法公正倒逼容错的"法治性",避免容错的"人治性"。其二,现有的司法体制吸收容错机制后,有利于容错、纠错、免责、问责衔接发展,形成一个逻辑闭环。容错机制与纠错机制是全面深化改革过程中促进和激励内生动力的重要制度,二者在内容是互补的,即容许在一定范围内试错、犯错,而在该范围之外则要进行纠错、改错;免责机制则内含于容错机制,是容错机制的组成部分,可容之错即免责;而问责机制是容错机制、纠错机制的重要保障制度,属于责任倒查,保证不可容之错能够得到修正。

总之,通过加快国家立法,协调央地事权,可以解决权力运行不畅的问题,打通自贸试验区更大改革自主权的"任督二脉";通过改革立法模式,创新立法方式,可以解决权力授予不足的问题,解放束缚自贸试验区更大改革自主权的

---

① 王悦群:《加强自贸试验区司法保障的建议》,载《自由贸易区》2016 年第 3 期。

"手脚";而通过对接立法司法,落实容错机制,可以解决权力保障不够的问题,搬走阻碍自贸试验区更大改革自主权的"绊脚石"。

结 语

在以国内大循环为主体、国内国际双循环相互促进的新发展格局背景下,建设更高水平开放型经济新体制,对赋予自由贸易试验区更大改革自主权的法治保障提出了更高要求。通过完善国家立法,协调划分中央与地方事权,明确权力边界,自贸试验区的自主改革将协同分工、齐头并进;以鼓励各自贸试验区大胆实践为导向,充分授予地方立法权限,有助于推动地方制度创新;以国家立法为依据,对接立法司法,落实容错机制,更能激发自贸试验区改革先行者的勇气,使其敢于大胆试、大胆闯、自主改。以此为契机,我国自贸试验区的法治建设将迈入新的阶段,更大改革自主权的法治保障也将激发其在新发展格局中再立新功。

Analysis on the Greater Reform of Free Trade Pilot Zone under the Background of the New Development Pattern

Xu Yibin   Zhang Bingyi

Abstract: In the context of the new development pattern in which the domestic circulation is the main body and the domestic and international double circulation promote each other, a higher requirement of rule of law protection has been put forward to give greater reform autonomy to the pilot free trade zone. The inadequate performance of the current reform autonomy of China's pilot free trade zones and the three major problems revealed by the poor operation of power, insufficient delegation of power and insufficient protection of power are ultimately caused by the fragmentation of the legislative model, unclear local authorization and the absence of national legislation in the construction of the rule of law in the pilot free trade zones. In this regard, the adoption of national legislation to speed up the coordination of central and local affairs and powers; reform the legislative model, innovate legislative approach; as well as dovetailing legislative justice, the implementation of fault tolerance mechanism and other improvement initiatives, will stimulate the pilot free trade zone in the new development pattern and then establish new achievements.

Key words：New Development Pattern；Pilot Free Trade Zone；Greater Reform Autonomy；Rule of Law Guarantee

专题四

加强人才
队伍建设研究

论对外开放新格局下涉外法律人才培养的路径和实践

徐　鹏[*]

摘要：新时代对外开放在更广范围、更宽领域和更深层次的推进，给涉外法律人才培养提出更高要求。可采用"3WHO"系统性思维视角，基于特定教学目的，着眼于给定的教学场景，由作为教学直接参与者的教师和学生通过相应的组织方式，开展国际法课程的学习。依据国际法必修课和选修课的不同类型以及开设的不同学期，根据学生法律知识的储备情况，可分别践行"教师主导型""教师学生协作型"和"学生主导型"的教学路径。

关键词：教师主导型；教师学生协作型；学生主导型；系统思维

引　言

在当今世界面临百年未有变局的背景下，涉外法治成为构建先进、成熟和具有适应性的现代国家治理体系的重要支撑。针对涉外法治建设，习近平同志提出明确要求：中国作为负责任的大国参与国际事务，必须善于运用法治；要占领法治制高点，敢于拿起法律武器，与国际秩序的破坏者、搅局者做斗争；要积极参与国际规则制定，在全球治理体系处于调整变革的关键时期，做全球治理变革进程的参与者、推动者和引领者。[①] 只有改变全球治理进程中消极旁观者和被动接受者的角色，在更广范围和更高层次上娴熟和自信地运用国际法，才能保护参与国际交往的个人的合法利益，才能在复杂多变、充满不确定性的国际环境中有效维护国家利益，才能构建一个以和谐和平等为基本价

---

*　徐鹏，西南政法大学国际法学院副教授。

①　习近平：《加强党对全面依法治国的领导》，载《求是》2019 年第 4 期。

值内涵的国际新秩序。培养一批具有国际视野、通晓国际规则、能够参与国际法律事务、善于维护国家利益、勇于推动全球治理规则变革的高层次涉外法治人才[①]，就成为当前亟待解决的迫切任务。

就涉外法律人才应该具备的法律专业素质和技能而言，如果延续传统教学方式的惯性，完全由教师主宰课堂，将学生认知和记忆涉外法律的理论和规则作为核心教学目标，采取"满堂灌"的填鸭式授课方法，就会忽视学生在法律人才培养过程中的主体地位，无助于学生法律思维的塑造，无法有效锻造他们发现、分析和解决问题的能力，难以回应新时代开放新格局下对于涉外法律人才所提出的各项要求。

笔者承担了西南政法大学涉外实验班的数门课程[②]，现尝试将授课的方法和方式初步总结为"3WHO"：其中三个"W"，分别代表主体"Who"，即教师与学生在教学中的角色；场景"Where"，即不同课程的类型和性质；内容"What"，即具体的教学内容；以及方式"How"，即教学的组织和运作形式；目的"Objective"，即教学意图实现的目标。总体而言，"3WHO"意味着基于特定的教学目的，着眼于给定的教学场景，由作为教学直接参与者的教师和学生通过具体的组织方式，展开国际法课程的学习。在涉外人才培养的微观层次，基于国际法必修课和选修课的不同类型，根据学生法律知识的储备情况，可采取"教师主导型""教师学生协作型"和"学生主导型"的培养路径。

一、教师主导型路径及其实践

国际私法作为调整涉外民商事关系的部门法，其中包含的深奥理论、独特制度和特殊概念带来了学生学习过程中的种种障碍。曾担任加州大学伯克利分校法学院院长的普罗赛对于国际私法进行了形象的描述："冲突法的领地是一片阴郁的沼泽，遍布着摇颤的泥潭；居于此地者，为一群博学而乖戾的教授，

[①] 教育部、中央政法委：《关于坚持德法兼修实施卓越法治人才教育培养计划 2.0 的意见》，教高〔2018〕6 号，http://www.moe.gov.cn/srcsite/A08/moe_739/s6550/201810/t20181017_351892.html，最后访问日期：2020 年 12 月 15 日。

[②] 2012 年 8 月，西南政法大学成功入选全国首批卓越法律人才教育培养基地，次年开设涉外法律人才实验班，作为卓越法律人才教育培养基地建设的重要内容，在课程设置、教学内容、师资队伍等方面强化涉外法律人才培养特色。涉外实验班学制四年，每年从全校一本专业新生中选拔 30 人。

他们用怪诞和令人费解的术语为神秘之物创立理论。"[1]学生在接触必修课国际私法之初,往往会对其望而却步。然而,教师不能依据学生的口味和喜好,对国际私法教学大纲所规定的课程内容随意取舍,也不能将课堂的支配权拱手让与学生。教师可考虑采取案例教学等生动多样的教学手段,使得原先枯燥无味的知识点变得鲜活起来,将抽象复杂的法律规范融入法官通过判词所展开的法律适用过程之中。

在"3WHO"系统思维视域下,教师需以学生全面和深入掌握国际私法的理论、制度和规则为教学目的,同时要在教学过程中注重塑造学生的法律思维。例如,最密切联系原则在我国《涉外民事关系法律适用法》(以下简称《法律适用法》)中占据重要地位,它不仅以原则的形式出现在《法律适用法》总则之中,而且也在涉外民事关系的具体法律适用规则中占据一席之地。学生在学习国际私法时,首先是在现有国际私法教材的历史学说一章,接触到现代美国冲突法革命期间以理论形态呈现的最密切联系原则。显然,教材对于理论发展脉络的简要勾勒,无法让学生全面把握该原则的具体内涵和适用方式;该原则本身所具有的抽象性和灵活性,自然会延续到国际私法的分则部分。最终,学生对于最密切联系原则的利弊得失和发展趋向的理解可能流于表面,对其在涉外民事审判实践中遭遇到的现实困境会感到迷茫不解。为克服教学中的难点,在涉外实验班的授课过程中,可将美国法官富尔德审理的贝科克诉杰克逊[2]和诺伊迈尔诉库纳[3]两宗案件作为案例分析素材。这是考虑到,在最密切联系原则生成和演进的过程中,上述两宗案件具有举足轻重的地位,第70～73页。[4] 富尔德法官不仅在判词中全面揭示了最密切联系原则适用过程中接触点的数量考量以及不同利益间的比较和权衡,展示了案件争点、纠纷事实和法律适用之间的内在关联,而且还对最密切联系原则适用的限度、范围以及发展趋向进行了深刻阐述。在案例分析过程中,教师还可从法律适用的逻辑和方法的角度,阐释普通法上遵循先例原则以及与之相伴而生的区分技术,比

---

[1] [美]荣格:《法律选择与涉外司法》,霍政欣、徐妮娜译,北京大学出版社2007年版,第2页。

[2] Babcock v.Jackson,12N.Y.2d 473,191 N.E.2d 279(1963).

[3] Neumeier v.Kuehner,31N.Y.2d 121,286N.E.2d 454(1972).

[4] 许庆坤教授对美国司法实践中最密切联系原则的生成和发展过程中的重要判例进行了归纳和整理。参见许庆坤:《美国冲突法中的最密切联系原则新探》,载《环球法律评论》2009年第4期。

较其与大陆法系法律适用的三段论以及类推方法的异同。① 更进一步地,教师还可阐明法律原则与规则之间的关联及其在实践中的不同适用方式。

在教学过程中,教师可在外文数据库下载贝科克诉杰克逊和诺伊迈尔诉库纳两案判词的完整文本②,提前发送给学生并布置相应的课前预习作业。在课堂授课时,教师可提出相应的问题引导学生思考和讨论,比如,如何厘定案件的争议焦点、不同争点与最密切联系原则适用的关联、最密切联系原则适用的步骤和具体环节、不同案件中最密切联系原则适用的差异及其原因、同一法官面对相同类型案件作出不同判决的考量等。在以上一系列问题的讨论过程中,教师可指导学生对于最密切联系原则的内涵、适用路径和发展趋向等要点作出归纳和总结。

概言之,在教师主导型路径下,教师需遵循必修课教学大纲的各项要求,以学生深入和全面掌握国际法知识、塑造法律思维为指向,通过课上和课下学习相融合,经由课程材料的精心遴选和具体使用来实施教学。

二、教师学生协作型路径及其实践

西南政法大学国际法学院开设的国际商事仲裁模拟庭辩论属于专业选修课,提供了相对于必修课更为宽松和广阔的教学设计空间。以"3WHO"系统思维为指导,教师不必执着于面面俱到地讲授国际商法和国际商事仲裁法的所有知识点,而是可以将学生学习能力和实践能力的培养作为基本教学目标。为此,学生要充分地参与到教学之中,与教师密切配合,共同致力于知识的掌握和能力的塑造。换言之,学生应发挥学习的主体性,通过模拟庭辩论的方式,在特定争议的解决过程中学习和应用国际法知识,并经由口头和书面的形式将学习成果予以展示。教师的职责不在于耳提面命,巨细靡遗地教授具体知识,而是体现在案件选择、承担仲裁员的角色进行评判、提示解决问题的切

---

① 针对如何通过案例分析方法塑造法律思维的问题,笔者将另行撰文论述。

② 笔者倾向于采用基本不做删减、"原滋原味"的私法案例。有学者明确指出,在我国的法律教育中引导学生研习国外案例,特别是发达国家的法院作出的判决,是学习外国法知识、培养国际化法律人才的重要途径。其理由在于:一国法院的判决,包含了该国法律制度的几乎所有的成分,可以给学生展现一幅有关法律规范的相对完整图景;从一国法院的判决中,可以看到该国法院实际适用其法律的过程和方法;同时,阅读外国原文判例,有助于学生学习专业法律外语。参见王军:《在案例教学中采用原文判例的几个问题》,载《国际商法论丛》2013年第11卷,第1～2页。

入点、对案件所涉及的国际商事实体法和国际商事仲裁法的疑难问题进行必要释明等环节。

在授课过程中,可采用 WillemC.Vis 国际商事仲裁辩论赛所提供的案例。[①]赛事组委会常在每年十月的第一个星期五,将辩论赛的案例材料发布于官方网站。该材料包括简要的申请人诉状和被申请人答辩状以及与争议相关的证据文件。材料整体篇幅可达上百页,涵盖申请人和被申请人在争议发生前后的往来通信和支撑文件,基本显示了争议产生的背景、缘由以及双方当事人在特定交往过程中的沟通细节。案例发布后,组委会还会给予参赛队以问询机会,针对遭到质疑的文件材料的模糊和空白之处进行澄清。将 Willem C.Vis 辩论赛提供的案例作为课程素材,是因为赛事组委会所聘请的资深专家通常会耗时数月,对于案件指向的法律问题和包含的纠纷事实进行精心细致的设计,使其不仅能够涵盖《联合国国际货物销售合同公约》等国际商事法律在适用过程中会出现的疑难问题,而且也包含通过国际商事仲裁程序解决纠纷所涉及的仲裁庭管辖权争议。这些实体和程序问题往往是理论和实践中存在争议的复杂法律问题,加上专家对于事实颇费心思的布局,会使得法律与事实问题紧密地纠缠在一起,提供了申辩人和被申辩人都可提交相应法律意见予以辩驳的巨大空间。概言之,选择 Willem C.Vis 辩论赛案例作为课程素材,不仅可以让学生在辩论中深入理解国际商事仲裁的运作方式,有效把握CISG 等国际统一实体规则的含义和效力,而且更为重要的是,可以确保教学尽可能贴近涉外争议的解决实践,实现程序与实体问题的紧密勾连,以及事实与法律的密切结合,从而全面塑造学生在解决国际商事纠纷过程中发现问题和分析问题的能力,提升他们将问题解决方案有逻辑地予以表达的能力。

具体到课程的组织形式,教师需要将学生分成三到五人一组,分别指定其在辩论过程中作为申请人和被申请人的角色。教师需要对自己在模拟辩论课程中扮演的特殊角色有清醒认识:一方面,教师承担仲裁员的角色,需要对学生撰写的法律文书的质量予以评价,针对辩论中提出的不同观点的说服力和可信度进行判断,对学生在模拟庭审过程中的仪态和用语等进行评论等。另

①　Willem C.Vis 国际商事仲裁模拟庭首届比赛 1994 年在奥地利维也纳举行,目前已成为国际私法领域知名度最高、规模最大的模拟庭辩论赛。该赛事致力于推动《联合国国际货物销售合同公约》在全球范围内的广泛适用,同时提倡采用国际商事仲裁作为争议解决方式。参见何其生、范晓亮:《法学教育视野下的 Willem C.Vis 模拟国际商事仲裁辩论赛》,载《时代法学》2012 年第 4 期。

一方面，不同于模拟比赛中的仲裁员，教师需要承担起教学职能。在官方举办的模拟庭辩论赛场上，担当仲裁员的律所合伙人、退休法官或者高校教授有时难以抽出宝贵时间去研究争议的具体事实，去进行专门的法律检索以探究案件所涉及的复杂法律问题。他们可能只是凭借自己积累的实务经验和既有知识储备，对于申请人和被申请人提出的观点予以临时性的回应和直觉性的判断。在正式比赛结束时给予反馈意见的环节，仲裁员有可能针对辩论的技巧、方法和仪态等提出完善建议，他们关注的焦点通常不在于参赛选手对于国际商法和国际仲裁法相应知识结构的构建和具体知识的掌握。① 模拟庭课程的教师显然不应局限于此。既然国际商事仲裁模拟庭课程的目的在于学生学习能力和实践技能的培养，教师就应致力于通过模拟庭辩论的方式达到培养学生学习国际法知识的自主能力，铸造学生法律思维和训练实践技能的目标。在课堂上，教师需要掌控辩论各个环节和步骤的推进节奏，把握好课堂气氛，避免"撒胡椒面"式的面面俱到，使得辩论中法律问题的阐释和澄清失去靶心，停留在一些细枝末节的地方而陷入无谓纠缠。模拟庭辩论赛另一被人诟病之处，在于辩论有可能蜕变为少数"精英"学生的游戏，无法使得大多数学生从中获益。教师在辩论过程中，需要避免将关注焦点集中在少数表现突出的学生身上，导致大多数学生在辩论过程中沦为跑龙套乃至旁观者的边缘角色。这就要求教师在适当时机介入辩论过程，进行鼓励、引导、提示和释明，使得每一学生都能有适当机会表达自己的观点和意见。

在协作型方式中，学生的主体性不容忽视。学生需要结合纠纷的具体事实，检索《联合国国际货物销售合同公约》等法律的专门资料。学生可利用美国佩斯大学（Pace University）设立的专门网站②，该网站提供《联合国国际货物销售合同公约》谈判起草的立法资料，国际法律界就公约条款的理解所发表的著述、缔约国法院以及仲裁机构就公约条款适用所作出的判决和裁决等。学生还可从外文数据库如 Lexis、Kluwer Onilne、Westlaw 和 Hein online 中查找资料。通过国际商事实体法和国际商事仲裁法领域外文资料的查找、整理、分析、归纳和提炼，学生检索和应用专业文献的能力能够得到大幅提高。

尽管不同法系国家对于法律思维的内涵和外延有着不同理解，但是遵循

---

① 有学者指出，模拟庭辩论赛中的裁判可能因为各种原因将关注的焦点置于辩论的形式和技巧，对法律合理性的阐述不够重视。参见张利民：《法科学生的国际竞技与法学教育》，载《苏州大学学报（法学版）》2015 年第 3 期。

② http://iicl.law.pace.edu/cisg/cisg，最后访问日期：2020 年 12 月 9 日。

法律构成了有关法律思维不同见解的最大公约数。有学者提出,在模拟辩论赛的准备过程中,可以采用"案例分析三段论",即在全面掌握案情和勾勒出案情要点的基础上,初步选择与案情要点相对应的法律规范,厘清相关规范适用于争议的适用结果。[①] 就国际商事仲裁模拟比赛而言,法律适用并不是一个简单的规则适用于事实的直线操作,而是事实与法律之间的相互参照和对应的循环过程。学生在课程学习过程中,需从法律规则出发,通过判例、理论学说对于规则含义和效力的合理解释,厘清相应规则与手头争议之间的关联。在此基础上,细致分析当事人之间的往来通信,筛选出具有法律意义的事实,进而在规则与事实的目光往返流转之中,调整先前对于规则含义的认知以及对于案件事实范围的厘定,实现规则的构成要件与争议事实之间的相互契合,最终推导出相应的法律判断结果。

三、学生主导型路径及其实践

涉外知识产权课程开设于本科第三学年下学期,学生之前已经较为系统地学习了国际法的基础课程以及国内法中民法、知识产权法等必修课,具有学习该课程的知识储备和必要的专业能力。有鉴于此,可考虑进一步发挥学生的主体性,采用学生主导型的教学路径。

按照"3WHO"的系统性视角,在确定了合适的教学场景,明确了教师和学生在授课过程中的基本角色之后,就需要对授课的具体内容和方式进行细致规划。在教学中,笔者聚焦于涉外知识产权法理论和实践中的热点问题,确定了15个论题,然后将涉外实验班30名学生两人一组分为15个小组,让他们自行通过协商或者其他方式确定各组需要承担的具体论题。确定选题之后,各组需在课下通过观看公开课和阅读专业教材及论著的方式,构建起所涉问题的基本知识框架。然后,学生可针对所承担的涉外知识产权选题,有的放矢地检索中外文文献、国内外典型案例以及国际和国内立法。通过以上文献和资料的阅读、整理、归纳和提炼,学生需要以案例为先导,提炼出选题所指向的具体问题,制作课堂上进行讲解的PPT。在进入课堂演示之前,学生需提前3天将所制作的PPT及其支撑材料上传到课程网络群组中,教师和其他学生便可提前做好课堂讨论的准备工作。课堂教学分为两个部分,首先由每组

---

① 罗国强:《国际模拟法庭竞赛训练的阶段、方法与技巧》,载《人民法治》2018年第8期。

学生针对论题借助 PPT 讲解 15 分钟,后面 25 分钟是问答和讨论时间,主要由其他学生针对演示内容提出问题并由主讲学生回答。

不难看出,学生学习的主体性在以上流程中得到充分体现。虽然课堂讲演时间有限,但学生必须在课下花费大量时间和精力进行准备,才能在讲演时做到案例恰当、内容完整、逻辑清晰和论述合理。在教师主导型授课中,教师需要围绕教学大纲准备授课材料并通过案例分析手段,帮助学生理解和把握国际法知识并塑造他们的法律思维。在协作型授课中,学生虽然也要检索和利用法律文献展开辩论,但辩论赖以开展的案例是由教师预先选定;同时,教师除了承担起仲裁员的角色之外,还担负着管理、组织、引导和阐释的职责。与上述两种方式不同,在学生主导型教学中,学生的主体性真正得到体现,从围绕选题检索文献、自行制作讲演材料、课前材料开示,一直到课堂讲解、问答和讨论等,都需要学生自主实施。当然,学生主导并不意味着教师就可以袖手旁观。教师需要事先细致斟酌,确定合适的选题;在学生课前提交讲演材料之后,及时进行必要的指导,提示可以优化和完善之处,防范课堂讲演失败的风险;在课堂问答和讨论环节,需要启发学生针对关键问题展开有序讨论。更为重要的是,教师需要精心设计评分标准,针对学生的课前准备,课堂讲演以及问题回应和讨论环节作出客观和准确的评分,从而激励学生进行充分的准备,全面锻造自己的法律思维和实践技能。

结　语

新时代对外开放在更广范围、更宽领域和更深层次的推进,给涉外法律人才培养提出了更高要求和更严标准,同时也激励着处于法学教育第一线的教师利用自己的智识,设计和实施能够回应人才培养需求,符合法学教育规律,适应学生需要的新的教学手段和方法。以上提出的"3WHO"系统性思维视角,着眼于涉外法律人才培养过程中的不同场景,尝试将主体、对象和组织等不同要素紧密结合在一起,形成一种整体与个体、目标与方法、主体与对象有机整合的教学路径和践行方式。

On the Way and Practice of Training Foreign Legal Talents under the New Pattern of Opening to the World

Xu Peng

Abstract：The opening to the outside world in the new era is promoted in a wider range，wider field and deeper level，which puts forward higher requirements for the training of legal talents. From the perspective of systematic thinking of "3 WHO"，based on the specific teaching purpose and focusing on the given teaching scene，teachers and students as direct participants in teaching can carry out the study of international law through specific methods. According to the different types of compulsory courses and elective courses in international law，in consideration of the learning progress of the students，the "teacher-led" "teacher-student collaboration" and "student-led" patterns can be practiced.

Key words：Teacher-Led Pattern；Teacher-Student Collaboration Pattern；Student-Led Pattern；Systematic Thinking

"一带一路"的创新型、复合型涉外法律人才培养模式优化研究[*]

梅　傲[**]　苏建维[***]

摘要:在"一带一路"倡议持续推进的大背景下,涉外法律人才的培养显得必要且紧迫。通过优化涉外法律课程设置、强化师资队伍建设措施、提升教学管理队伍水平以及健全教学质量监控体系,解决涉外法律人才培养模式的既存问题。同时,人才培养模式亦应与时俱进,开辟国内—国外联合培养新渠道,创新涉外法律人才的订单式培养,搭建国际化教学科研的实践平台以及构建涉外法律人才质量监控体系,力求实现涉外法律人才培养与"一带一路"倡议的有效接轨。

关键词:"一带一路"倡议;涉外法律人才;人才培养

一、"一带一路"倡议下培养涉外法律人才的必要性

随着"一带一路"倡议的深入实施以及我国全方位外交的不断推进,涉外法律人才的需求不断提升。在新的时代背景之下,人才培养模式也需要与时俱进,才能在瞬息万变的国际环境下争取平等地位,防范法律风险,维护海外

[*] 本文系重庆市教育科学规划项目"西部涉外法律人才培养模式改革研究"(2015-GX-045);重庆市研究生教育教学改革研究重点项目"研究生培养模式改革的实践探索与应用推广——以'就业前置'培养模式变革为中心"(YJG192014);西南政法大学研究生科研创新项目"涉外侵权法律适用的司法实证研究(2019XZXS-097);西南政法大学高等教育教学改革研究项目"西南政法大学教研室建设与管理办法"的研究成果。

[**] 梅傲,西南政法大学国际法学院副教授。

[***] 苏建维,西南政法大学国际法学院硕士研究生。

利益。优化涉外法律人才的培养模式,打造新型的涉外法律人才,对于"一带一路"的可持续发展而言具有重要意义。

(一)为涉外法治工作提供有力的人才支撑

要保证涉外法治工作的顺利开展,离不开有力的涉外法治人才支撑。一方面,培养优秀的涉外法律人才,能提高我国在国际规则制定过程中的参与度,提高国际话语权,掌握规则主动权;另一方面,培养优秀的涉外法律人才,不仅有利于完善我国的涉外法律法规体系,而且有助于提高我国的涉外法律服务水平。习近平同志在 2019 年 2 月 25 日召开的中央全面依法治国委员会第二次会议上强调:"要加快推进我国法域外使用的法律体系建设,加强涉外法治专业人才培养,积极发展涉外法律服务,强化企业合规意识,保障和服务高水平对外开放。"要补齐涉外法治工作的短板,涉外法律人才的培养方面就要与时俱进。创新型、复合型的涉外法律人才是"一带一路"涉外法治建设的建造者,培养涉外法律人才能为我国涉外法治工作提供有力的支撑。

(二)满足我国对涉外法律服务的迫切需求

"一带一路"倡议深化了我国的对外开放格局,促进了我国与"一带一路"沿线国家的深度交流,激发了广阔的涉外法律服务需求。[①] "一带一路"不是建立一个封闭的、利己的合作体系,而是一个契合沿线国家共同需求的开放性平台,因此在国际投资、国际贸易、国际金融、国际知识产权等新兴的领域,法律服务的需求大量的增长。面对如此广阔的市场需求,我国的涉外法律人才储备显然不足。要满足市场的法律服务需求,不仅仅要求法律服务提供者熟知国内法律,而且要求法律服务提供者具备跨学科的意识、掌握多学科的知识,要求他们具有世界眼光与国际视野,才能满足当今市场的迫切需求。

中国企业和公民"走出去"的步伐不断加快,对外投资贸易的领域也在不断扩展,规模也在不断扩大,企业、公民的利益也亟待保护。培养创新型、复合型涉外法律人才在满足市场需求、提供专业法律服务的同时,也有利于维护我国的经济安全,维护我国涉外企业的合法利益,提高我国公民对外投资的热情。

---

① 聂帅钧:《"一带一路"倡议与我国涉外法律人才培养新使命》,载《重庆高教研究》2019 年第 2 期。

二、涉外法律人才培养的既存问题

涉外法律人才的培养是一个复杂的系统工程，法学高校作为法律人才输出的主要场所，其对学生的培养不仅涉及对学生在学校的学习阶段，还延伸扩展至学生的职业发展阶段。通过对学生职业能力和核心素养的悉心培育和细致评价，才能培养出真正具有国际化视野的高素质涉外法律人才。相比短期培训而言，高校的人才培养机制具有基础性、长远性和系统性的特点，其重要性不言而喻。但就目前的人才输送现状而言，我国对于涉外法律人才的培养仍然存在以下问题。

（一）传统人才培养模式僵化

目前的人才培养模式出现了僵化的倾向，存在涉外法律人才培养比重低，专业设置单一，课程体系老化等一系列问题。教学管理制度不够完整，缺乏涉外法律的培育办学特色、教育教学改革、提高教学质量长效机制等方面的制度措施。部分教学环节缺乏科学、明确的质量标准。课程建设、教材选用及编写、备课、课堂教学、实习实践等方面的质量监控尚无据可循。涉外法律人才是专门性法律人才，他们不仅要具备一个法律人的基本素养，还要精通一门甚至多门外语，甚至还要熟知不同国家的法律文化差异。如今的涉外法律人才培养模式侧重于理论思维的培养，涉外性、实务性并不突出，缺乏针对性的外语训练和有效的实务培训，人才培养流于形式，培养模式也逐渐固化。

（二）涉外师资队伍结构失衡

建设高素质专家型教师队伍是涉外法律人才培养机制的重要部分。师资水平在一定程度上决定着涉外法律人才的水平。但是目前涉外师资队伍存在着结构失衡的情况：首先，高校教师大多数擅长理论教学，较少给学生输入处理涉外法律实务所需要的实践思维；其次，部分高校法学教师并没有受过专门的涉外法律培训，也没有经受过专门的外国法律思维训练，缺乏内外双向的法律思维；最后，由于外语水平的限制，掣肘了高校教师对课程内容的展现。上述的种种问题，可归因于涉外师资队伍结构出现了失衡，一反面，外籍教师的数量并不多，外籍教师拥有语言上的天然优势，相比起国内老师用外语授课，外籍教师用母语授课对学生的外语训练效果更为突出；另一方面，实务专家数量也并不充足，涉外法律人才培养讲究理论与实务相结合，缺少实务锻炼会降低涉外法律专业的学生与涉外工作的结合程度,不利于涉外法律人才的培养。

(三)教学管理水平有待提高

教学管理队伍是教学及人才培养质量保障工作的组织者、管理者,是质量标准和规章措施的制定者。教学管理队伍的素质、理念、水平,决定着教学及人才培养质量保障水平。目前,涉外法律的专职教学管理人员不充足,非专职教学管理人员教学科研任务较重,以及认识上的不足,导致了教学管理队伍问题也较为突出:一方面,教学管理理念不清晰,思路不明确,对涉外法律人才培养的宏观布局把握不到位,整体推进的少。另一方面,教学管理理论研究不足,教学管理研究申报和立项的各类项目较少,高质量的研究成果缺乏,理论水平偏低。教学管理队伍的管理水平和能力不能完全满足教学质量保障工作的目标和要求,这不仅影响了教学管理上层设计的科学性,也制约了各质量保障制度措施和质量标准的执行力。

(四)质量监控举措不成体系

涉外法律人才有其特殊的成长轨迹,一个优秀的涉外法律人才的评判标准与一般的法律人才相比有其自身的特殊性。[①] 必须系统了解涉外法律人才的成长特征,才能有助于涉外法律人才培养体系的建立与完善。对人才培养的质量监控要体现在人才培养的每一个阶段,才能有助于达成培养目标,精准把控人才培养的全过程。然而,就目前的质量监控现状而言,在对涉外法律人才培养及教学过程的控制上,由于对质量监控功能定位不太准确,尤其是没有从宏观角度把握和设计监控措施,也没有把每一种监控措施放在监控体系中去衡量和审视,导致质量监控措施稍显凌乱,不成体系。

三、创新涉外法律人才培养模式的具体措施

(一)优化涉外法律课程设置,创新涉外人才培养理念

国际法学科是一个与国内法学科紧密联系又相对独立的完整学科体系,它所覆盖的知识领域几乎涉及国内法的各个部门。但就目前国际法学的课程

---

① 刘斌斌:《"一带一路"建设中法律服务的必要性及其路径研究》,载《西北民族大学学报(哲学社会科学版)》2020 年第 1 期。

设置来看,其并不能满足市场对涉外法律人才的复合型需求。因此,在理论课程设置上,对于涉外法律人才的培养要采用理论与实务、母语与外语相结合的方法,除了学习相关的法律知识、构建完整的法律体系外,还要熟练掌握法律英语、深度学习国际政治等知识;在教材建设上,打造涉外法律实务技能和双语教材,目前市场上双语教材的储备并不充分,要加快双语教材的编写进程,合理分配中英内容的比例,实现课程内容的有效创新;在教学实践环节上,要继续建设并优化模拟法庭、法律诊所、社会调查、实习等环节,充分调动学生的主观能动性。配合实践教学,构建特色课程。[①] 在保证基础课的设置体系完整性的基础上,以涉外事务处理能力、司法机关岗位能力、国际组织任职能力及其他涉外法务实际操作能力为目标,精密设置配合实践教学的课程计划与授课方案,使实践性课程与理论性课程衔接良好,并有针对性地实现涉外法律人才培养的分段分层目标。

(二)强化师资队伍建设措施,扩大涉外实务专家比例

首先,依托人才培养共同体,打造涉外师资队伍。教师是人才培养方案的主要实施主体。通过法律人才培养共同体,将我国对外交往当中对涉外法律人才的需求及时、直接地融入法律人才培养过程。其次,建设从事实践教学的专业师资团队,以"双师型"教师构建实践基地的师资团队,团队成员应既有深厚的学术理论知识又有极强的实践能力与丰富的实践经验。就培养实务能力而言,根据具体情况,从相关的国际组织机构、政府实务部门、司法机关、大型律所中聘请一批充满工作热情、富有工作经验、具有专业素养的实务专家,并统筹规划、灵活匹配为各实践教学服务。就培养法律外语能力而言,开通"一带一路"沿线国家教师互聘渠道,吸纳外籍法学教师进入我国法学高校担任教职,着重提高学生的外语水平,争取将法律外语尤其是法律英语培养成工作语言。高校教师与涉外法律行业从业者两者密切配合、分工协作,共同完成培养涉外法律人才的终极目标,优化导师队伍结构,推动兼职教师队伍建设,提高指导教师业务水平。与社会单位开展深入广泛合作,聘请一批既具有丰富的法律实务经验,又具有一定学术理论造诣的实务专家充实到兼职教师队伍中来,并独自担任或多人合作担任一门涉外法律实务课程的主讲教师。一方面,为提高学生专业理论指导水平,广泛开展校内指导教师培训,促使新老导师形

---

① 梅傲、毛杰:《共建"一带一路"倡议下东盟法律人才培养模式改革》,载《中国东盟法律评论》2020 年第 10 辑。

成良性的带动机制;另一方面,为提高法律实务指导水平,大量聘请涉外法律实务专家以及外籍教师担任兼职导师,通过与社会单位广泛合作,进一步加强兼职导师队伍的建设力度。

(三)提升教学管理队伍水平,完善教学管理规章制度

强化涉外法律人才教学管理队伍建设,完善涉外法律人才教学管理规章制度和质量标准。鼓励教学管理人员尽可能多地参加高水平的高等教育管理学术会议,开拓视野,提高管理能力。鼓励教学管理人员积极开展教学管理研究,提高教学管理理论水平。引导教师积极开展教学内容与方法的改革,保证教学质量的稳步提升。专门组织力量,围绕保障教学质量,查缺补漏,建立一些新的规章制度,完善教学管理规章制度,针对内容过于原则的制度制定配套的实施细则。在此基础上,制定一套符合涉外法律人才教学实际的质量标准体系。

(四)健全教学质量监控体系,建立教学状态数据系统

健全涉外法律人才教学质量监控措施体系,建立涉外法律人才基本教学状态数据系统。以目标管理和过程控制结合、激励机制与约束机制一体为原则,针对课堂教学、实训教学、社会实践、毕业实习等主要教学环节建立健全监控措施,完善督导制度,创新督导方法,加强专业教学督导,使督导的内容从教学规范性向专业课程内涵建设方面深入等。同时,强化制度意识,切实维护各环节监控措施的严肃性,教学管理人员要率先垂范,成为维护制度和执行制度的楷模,增强监控措施的执行力,把制度落到实处。加强教学管理文档建设,教学活动都应当有完整的记录,并及时存档,逐步建立教学基本状态数据库。数据库的内容,既要有"硬数据",也要有"软数据"。通过对基本教学状态数据的采集实现对教学状况摸底,通过对数据的分析实现自我评估,通过数据的反馈实现自我整改和完善。

四、涉外法律人才培养与"一带一路"倡议的有效接轨

全球化意味着时空概念发生重大变化,全世界开始关注共同的地球和共同的未来。自"一带一路"倡议实施以来,给我国与"一带一路"沿线国家甚至全球都带来了新的机遇和挑战,涉外法律人才的培养也需要紧跟时代的步伐。创新人才培养模式,打造复合型涉外法律人才,实现与"一带一路"倡议的有效

接轨，才能更好地为"一带一路"倡议提供强大的人才保障和智力支持。

（一）开辟国内—国外联合培养新渠道

涉外法律人才的培养必须立足于我国法学教育的现状，合理构建涉外法律人才的培养模式。[①] 引入"走出去、引进来"双向互动学习模式，在教师互换、学生互换、学分互认和学位联合授予上将争取政策支持，开展与海外高水平法学院校的交流与合作，培养具有坚定政治立场、前瞻性国际视野的涉外法律人才。扩大学分互认、"3+1""2+2"等模式的国外院校合作面，提升国外合作院校的层次，特别鼓励学生前往英美等国家一流法学院学习涉外法律相关课程。学校在选派国外进修生工作上应形成有效的选拔和竞争机制，制定具有操作性的选拔方案，将托福或雅思考试成绩作为重要考虑指标，力争使最优秀的学生能够获得赴发达国家的进修机会。

（二）实现涉外法律人才的订单式培养

涉外法律人才的订单式培养模式，旨在让负责输出人才的高校以及负责接收人才的单位实现"零接触"。在培养目的上，高校与单位共同探讨与确定涉外法律人才培养的路径、方法与目标，一方面能激发单位或企业培育人才的热情，培养出更多专业对口、能力突出、理论与实务实力兼备的涉外法律人才更有利于企业单位的良性发展；另一方面，校企深度融合，更有利于培养出复合型、创新型的优秀涉外法律人才，实现双赢。在平台建设上，建立和实行常态化、规范化的"教师＋实务专家双导师制度"。与多家高层次的涉外律师事务所、企业建立密切联系，为培养涉外法律人才的法律实践技能提供大量的实务专家。扩展学生的实习渠道，延长学生的实习时间，提高学生的实习质量，满足实习的专业对口。为律师事务所等涉外实务单位或企业进行订单式培养，培养学生兼具有扎实的理论功底和较强实践能力，为国际市场输送具备综合专业素质的涉外法律人才，达成高校和实务单位之间的良性互动，为更深入的教育合作提供坚实基础。

（三）搭建国际化教学科研的实践平台

在实践基地建设上，搭建校内校外的涉外法律教学科研的实践平台。作为复合型、应用型法律人才培养的突破口，涉外法律人才必须以适应国际情

---

① 胡乙：《涉外法律培养模式的审视》，载《教育评论》2014 年第 3 期。

势、融通国际规则、捍卫国家全球利益的实战素质为重要评判基准。要建立起学术、能力、职业相结合的人才培养模式,以多渠道多层次的实践教学基地磨砺思维、引导智能、提升能力是不可或缺之配套支持与硬件保证。让学生能到深入涉外法律实践的一线,拓展其国际视野,并参与涉外法律事务的处理,提高其实务能力和问题的研究意识。

一方面,搭建校内实习实训平台。充分挖掘校内实习、实训平台的利用效能,进一步完善丰富校内实习、实训平台类型与构成,实现校内实践平台建设的现代化、综合化。实训平台可细分为"法律职业化人才考试与评价中心""法学教师教学能力发展训练中心""学生自主学习中心""教学互动信息中心"和"实务人才实习实训中心"等发挥不同功能的实训中心,各司其职,围绕卓越法律人才培养目标,明确各自功能,协同发挥作用。[①] 满足学生的基本实践教学需求,完善校内实习、实训平台,基本实现对实践工作全套模拟设施与场所的配备,各部分可联合运作相关行政司法程序的全过程,落实齐全平台运转的场所、监控、音效、投影等设备。同时,以涉外法律人才培养为指向,继续就校内实践教学平台进行专项设计和专门投入。通过法律援助中心、法律诊所、校园庭审、律师论坛等方式,不仅可以丰富法学实践教学,提高学生实务操作能力,也有助于务实创新人才的培养。尤其要注重涉外模拟法庭的实训训练,加强模拟法庭实践教学,寓理论于实践,锻炼其涉外法律实务能力。[②]

另一方面,搭建校外实践教学基地。实训平台将突出涉外法律事务的特点,强化与现有实践教学基地的联系,不断规范已有基地的管理制度,制定教学基地的规范化管理,使学生在实践教学基地的参与时间与空间得以扩展和更为灵活,细化基地实践环节,保障实践教学的品质成效。首先,要注重拓展与国际组织、域外企业单位的通道搭建与合作,令实践方式更为灵活、参与程度更为深入;其次,通过不断沟通,形成行之有效的管理机制与运行顺畅的反馈机制,让实践成效得以直接裨益于就业环节;最后,通过人才实践、实习、就业情况的跟踪调研机制,总结人才培养成效,形成基地人才实践的良性循环。

---

① 曾令良:《卓越涉外法律人才培养的"卓越"要素刍议》,载《中国大学教学》2013 年第 1 期。

② 王祥修:《涉外卓越法律人才培养与模拟法庭教学研究》,载《继续教育》2015 年第 2 期。

(四)构建涉外法律人才质量监控体系

涉外法律人才的培养体系要注重考核和评价机制的合理运用,要遵循教育规律,对现行培养困境进行分析与反思,对人才培养过程的多层级监控、多角度质量管理。人才质量的评价体系是一个复杂的系统工程,不仅涉及对学生在基地内的学习阶段,还延伸扩展至学生的职业发展阶段。通过对学生职业能力和核心素养的悉心培育和细致评价,必能培养出真正具有国际化视野的复合型涉外法律人才。一方面,对课堂教学、专业实习、毕业论文这一整体培养过程进行全程性监控,力争实现对培养过程中每一个环节都评估到位。另一方面,教学质量评价体系还将延伸至学生毕业后的职业表现。通过系统化、模式化的教学质量评价为基地内的教学管理提供最具参考意义的反馈指导。收集学生即时职业信息数据。通过对学生职业发展中所需知识结构、核心素养等相关信息数据的收集,了解特定职业对涉外法律人才知识结构和核心素养的现实需求,从学生的现实职业中获取最即时的培养评价。

结　语

涉外法律人才属于高级专门人才,必须具备对相关法律知识的精确掌握和流利的外语交流能力,以及跨文化交流能力和团队协作能力等综合素养。[①]涉外法律人才培养是为深化高等法学教育教学改革,提高法律人才培养质量,充分发挥法学教育的基础性、先导性作用,以全面实施素质教育为主题,以提高法律人才培养质量为核心,以应对世界多极化、经济全球化深入发展和国家对外开放情势为导向,建设涉外法律人才教育培养基地,以期经过 5～10 年的努力,培养一批具有国际视野、通晓国际规则、能够参与国际法律事务和维护国家利益的涉外法律人才,促进法学教育与法律职业、国内法律人才培养与国际法律事务参与的深度衔接,从而为深度参与"一带一路"倡议提供强有力的人才保证和智力支撑。以创新人才培养的机制和模式为支撑,全面贯彻党的教育方针,落实教育规划纲要,让涉外法律人才的个人成长与国家民族的前途命运相统一,培养具有坚定的社会主义法治理念,具有国际视野和民族意识,能够参与国际法律事务,在国际经贸投资等领域运用涉外法律和国际规则、维护国家利益的高素质涉外法律人才;培养具有跨法律文化沟通的能力,通晓国

---

① 代水平:《涉外法律人才的素质要求与成才路径》,载《教育评论》2013 年第 6 期。

际规则,有专门性的语言能力与知识储备,能参与国际法治建设和法律事务,信念执着、品德优良、本领过硬的涉外法律人才。

Research on "Belt and Road" and Foreign-related Legal Talents Training Mode of Innovation and Compound

Mei Ao   Su Jianwei

Abstract:Under the background of the on going Belt and Road initiatives, the cultivation of foreign-related legal professionals is necessary and urgent. The existing problems of the training mode of foreign-related legal professionals can solved by optimizing the curriculum of foreign law, enforcing the construction of the team of teachers, improving the level of teaching management team and perfecting the monitoring system of teaching quality. At the same time, the professionals training mode should keep it up for the goal that cultivating legal professionals for the Belt and Road initiatives. There are a few measures can be taken, such as discovering new paths for domestic and foreign joint training, innovating the order training of foreign-related legal professionals, building up the practical platform of international teaching and research, and building the quality control system of foreign-related legal professionals.

Key words:The Belt and Road Initiatives; Foreign-related Legal Professionals; Cultivation of Professionals

论新时代高层次法治人才培养模式改革[*]

——以"就业前置"为视角

王晓燕^{**}　倪大保^{***}

摘要："坚持统筹推进国内法治和涉外法治"的目标,对高层次法治人才的培养质量提出了更高的要求。反观当前法学博士生培养模式的问题主要体现于培养机制封闭、培养方向与市场需求部分脱节。美国 RPIF 项目与台北科技大学在吸收合作企业与设立技术导向方面,可为"就业前置"模式下"项目研究型"法学博士生的培养提供经验的支持:采校企合作的培养机制,建立联合导师制与复合成果制;以兼具学术功底的实务人才为培养方向,导入项目、实行驻训,并力求践学结合。

关键词：法学博士生;就业前置;培养模式

习近平同志在中央全面依法治国工作会议上指出,要坚持统筹推进国内法治和涉外法治。这一工作目标的实现,无疑需要大量优质的高层次法治人才的助力。而当前法学博士生培养模式尚存在一些问题,亟待完善。

一、法学博士生培养模式的现存问题

多年来,我国的博士生招生规模一直处于扩张中。与之相应地,法学学科的招生数量也逐年增加(见表 1),但培养质量却不容乐观。一方面,法学博士

---

* 本文系重庆市研究生教育教学改革研究项目"研究生培养模式改革的实践探索与应用推广——以'就业前置'培养模式变革为中心"(YJG192014)的研究成果。

** 王晓燕,西南政法大学国际法学院副教授。

*** 倪大保,西南政法大学比较与国际体育法研究中心助理研究员。

生延期毕业的现象渐成常态。2019 年法学博士生的延期毕业率约为 71%，高于全国各学科的均值 65%。另一方面，大量法学博士入职非学术性岗位后，无法展现自己的学位优势，工作能力尚不如同期入职的硕士。精英教育输出的"产品"，似与"精品"渐行渐远，恐难为新时代法治工作提供足够的智力支撑与实务补养。

表 1　国内博士研究生招收人数①

年　份	博士生总人数	法学博士生人数	法学博士生人数的占比（%）
2010	61911	3355	5.42
2012	63762	3529	5.53
2014	70462	3604	5.11
2016	74416	3873	5.20
2018	83878	4098	4.89
2020	105169	5048	4.80

（一）培养机制封闭

目前国内法学博士生的培养机制相对封闭，作为其传统标配的导师负责制＋论文考核，可保障学生足不出校地完成学业，但其培养效果，不容乐观。

1.导师负责制

2009 年《教育部办公厅关于进一步做好研究生培养机制改革试点工作的通知》强调"指导教师要对研究生培养全过程负有指导责任"。然指导问题，已非导师一力可解。

首先，扩招之下，学生资质愈发参差不齐，导师的指导难度提高。"博士生没有写东西的积极性，更谈不上认真了"。② 其次，受制于经费与个人偏好，导师提供的对外交流机会有限。导师通常只能利用有限的课题经费支持学生的对外学术交流活动，何况学生的非学术性职业发展往往"无益于提升导师的威

---

① 根据教育部《分学科研究生数（总计）》相关数据进行的统计。
② 葛洪义：《法学博士研究生培养的主要环节》，载《法学教育研究》2018 年第 1 期。

望"。① 最后,生师比压力分散了导师的指导精力。2018 年多数省份的博士生生师比为 3 至 5 之间,再加上数量更多的硕士生,并不年轻的博导们的带生压力可见一斑。表 2 显示,40 岁以下的博导人数一般不高于 10%,50 岁以下的总人数不及 40%。

表 2　全国博士导师的数量与年龄结构②

年份	总人数	39 岁及以下		40~49 岁		50 岁及以上	
		人数	占总数比(%)	人数	占总数比(%)	人数	占总数比例(%)
2015	16028	1124	7.0	5029	31.4	9875	61.6
2016	14844	894	6.0	4123	27.8	9827	66.2
2017	18677	1576	8.4	5145	27.5	11956	64.0
2018	20040	1779	8.9	5431	27.1	12830	64.0
2019	19238	1912	9.9	5086	26.4	12240	63.6
2020	19341	1943	10.0	5086	26.3	12312	63.7

2.论文考核

作为法学博士生申请毕业的基本要求,论文已成为衡量其培养质量的近乎唯一的标准。伴随各校对论文质量(尤体现为数量与发表刊物的级别)的要求"水涨船高",博士生的求学生涯也因之成了"唯论文论",严重影响了其对未来职业发展的规划。

一方面,博士生研究视野与学术分工精细化的反差愈显,学难致用。不少博士生的研究选题偏旧、空、伪,研究成果既缺乏实践价值,亦无益于学术创新。另一方面,在核心期刊数量有限且发表资格受限的情况下,"目前国内大学对博士生发表资格论文要求的可行性不容乐观"。③ 按时毕业已是万幸,遑论其他?

---

① David W. Breneman, Dean T. Jamison, Roy Radner, The Ph. D. Production Process, *National Bureau of Economic Research*, 1976, pp.18-19.

② 根据教育部《研究生指导教师情况(总计)》中"博士导师"相关数据进行的统计。

③ 张颂昀、龚向和:《博士学位授予资格论文要求的法理分析——以 40 所法学一级学科博士点院校为例》,载《学位与研究生教育》2019 年第 8 期。

(二)培养方向与市场需求的部分脱节

高端劳动力市场内部,学术与非学术市场份额的变化引发了市场整体需求的多元化。但准博士们,显然准备不足。

1.高端劳动力市场需求的多元化

日本博士生在学术领域就职的观念根深蒂固,但 2012 年仅 22.6％的博士毕业生获得了相对稳定的高校教职工作。[①] 我国学术劳动力市场的供求关系也应会日益趋紧。首先,高校的教职岗位有限,"不断增长的博士数量终将触及有限的教职岗位的天顶"。[②] 其次,迫于提升学术竞争力的需求,高校在引进人才时普遍偏重于已具备一定教职、"长江学者"等人才,为毕业生提供的机会愈发有限。最后,许多高校为博士应聘者设置了博士后流动站的过渡考验期,而"'本土'博士后经历仅能给高校教师带来 3.30％的经济收益"[③],且存在投资风险。

鉴于学术劳动力市场份额有限且竞争激烈,准博士们不得不另谋出路。由表 3 可知,法学博士毕业生入职企业、律所的比例已然不小,且相对西部地区,该比例在核心城市更高。然不少被迫转战非学术劳动力市场的博士生,表现出明显的不胜任。曾有人调查过不同主体对职场能力的排序,结果显示:博士毕业生将科学知识及研究技巧排在首位,大公司仅将其排在五名以后;大公司最重视的团队合作能力与技术技能,同样被毕业生排在了五名之后。[④]

① 李冠男、何振海:《日本博士生教育的发展态势及改革走向——基于两次"日本博士人才追踪调查"的分析》,载《高教探索》2019 年第 2 期。

② Larson,Navid Ghaffarzadegan,Yi Xue,Too Many PhD Graduates or Too Few Academic Job Openings: The Basic Reproductive Number R0 in Academia,*Systems Research and Behavioral Science*,2013,No.6,p.750.

③ 张青根、刘之远:《博士后经历能给高校教师带来经济收益吗?》,载《现代教育管理》2019 年第 3 期。

④ Hannelore De Grande, Katrien De Boyser, Karen Vandevelde, From Academia to Industry: Are Doctorate Holders Ready?,*Journal of the Knowledge Economy*,2014,No.3,p.555.

表3 2019年三所政法大学法学博士毕业生就业去向统计表①

人数 占比 单位 \ 高校	中国政法大学	西南政法大学	华东政法大学
教育单位	39.7%	58%	77.1%
公共管理、社会保障和组织	39.7%	26.8%	2.9%
其他(企业、律所等)	20.6%	15.2%	20%

2.多元职业能力培养的缺位

坦言之,高校在培养法学博士生的多元职业能力方面,存在先天不足。

首先,高校为法学博士生提供的校外实践机会极其匮乏。目前,法学博士生培养方案就社会实践的规定主要有如下表现:提及“社会实践”,但无实质内容(如中山大学);明确仅限于“教学实习”(如中国政法大学、西南政法大学);允许教学以外的工作实习,但时限较短(如武汉大学国际经济法方向限定“不超过二个月”);引入看似灵活的“个人培养计划”,但实践环节无详文(如华东政法大学)。

其次,高校欠缺有效的非学术性学习资源。尽管很多高校尝试在校园内通过一些举措提高学生的综合能力,如“三助一辅”②,但其效果,尤其对于博士生而言,十分有限。一方面,“助”“辅”的定位决定了学生的被动性。另一方面,校内环境难以模拟校外的真实工作状态,学生获得的实战经验极少。

二、法学博士生培养模式的参考模型

注重人才实践性特点的产学研合作的培养方式已在国内外许多高校与研究机构获得推广。尽管此类实践多见诸理工类专业,但对于应用性极强的法学专业而言,同样值得镜鉴。

① 数据源于上述三所高校的2019年《毕业生就业质量报告》。虽相关数据涉及非法学类博士毕业生,但因该三所大学作为国内培养法学博士数量最多的政法类专门性高校,其博士点基本分布于法学学科,误差极小,可予忽略。

② 2014年12月,教育部下发《关于做好研究生担任助研、助教、助管和学生辅导员工作的意见》,旨在提高研究生的科研、教学与管理能力。

(一)拥有明星合作企业的美国 RPIF 项目

美国罗格斯大学于 1984 年发起的 RPIF 项目（Rutgers Pharmaceutical Industry Fellowship Program），作为全美生物医药领域的标志性校企联培博士后项目，已培养了一千多名博士后研究人员。

RPIF 项目的合作企业数量已由最初的 2 家增至 15 家。2020《财富》世界 500 强中有 13 家制药行业的企业上榜，其中 7 家（强生、辉瑞、诺华、拜耳、默沙东、赛诺菲与百时美施贵宝）均加入了 RPIF 项目。目前，该 15 家制药/药物开发公司为 RPIF 项目提供了约 200 项奖学金，确保了项目充足的资金来源。

罗格斯大学充分利用自身的"地利"——邻近居于行业领先地位的制药公司，积极开拓与毗邻企业的合作。目前，一半左右的合作企业即位于大学所处的新泽西州。此外，包括多数合作企业在内的 25 家企业向该项目的研究员开放了实习的机会，其中 12 家位于新泽西州。

学术实力雄厚、重视研发工作是 RPIF 项目合作企业的共同特点[①]，其选派参与联合培养的企业导师不乏拥有博士学位者。以强生公司为例，其 2020—2022 年的招募对象是消费者保健、监管广告与宣传/医疗保健合规性等项目的研究者，在其选派的 24 名企业导师中，8 名拥有博士学位。

(二)技术导向的台北科技大学博士班

2013 年起，台北科技大学对博士招生进行了改革：同一"系所"博士班的各"组"可根据需要，将培养"导向"分为"学术导向"与"技术导向"。前者沿袭传统，以培养具有深厚科研能力的学术人才为目的；后者则旨在培养具有实务研发能力，可顺利入职企业的应用人才。毕业考核采灵活的计点制。以机电学院机电科技自动化组的三年制博士班为例，技术导向生的计点规则为：国际发明专利（欧、美、日）（3 点）、中国发明专利（1 点）、技术移转与产学合作案（根据金额累积计点，最高为 3 点）、SCI 等级之论文（1 点）、国际研讨会及 EI 等级论文（0.5 点）。

起初，台北科技大学"技术导向"非以论文，而以专利、产学计划案或技术

[①] 葛昀洲、赵文华：《美国研究型大学校企联合培养博士后管理体制分析》，载《复旦教育论坛》2015 年第 4 期。

转移计划案等实际效果来进行计点。[①] 但近几年,高质量的学术论文成为必须:机电科技自动化组技术导向的计点要求中增加了"发表（或被接受）1 篇SCI 论文"的要求;设计学院设计博士班强调技术导向的研发成果中至少 1 件须"出版为专书或发表于 A&HCI、SSCI、SCI、TSSCI、THCI 期刊论文"。

与台湾地区博士招生日益严峻的现实相反,台北科技大学的博士班招录情况与技术导向的覆盖率均趋于稳定（见表 4）。这一成绩,在岛内企业对高学历毕业生需求普遍不足,"流浪博士"现象加剧的当前,实属不易。

表 4　2015—2020 年台北科技大学博士班的招录与设立情况[②]

年份	博士班招录情况（学术导向＋技术导向）			技术导向的设立情况	
	班级总数（个）	计划录取（人）	实际录取（人）	班级数量（个）	博士班覆盖率（%）
2015	16	72	35	10	62.5
2016	17	61	47	11	64.7
2017	17	61	49	9	52.9
2018	17	67	43	12	70.6
2019	17	66	48	11	64.7
2020	17	77	46	12	70.6

三、法学博士生"就业前置"的培养机制与方向

为有效应对法学博士生培养模式的前述现存问题,从而为新时代法治战略布局输送更多拥有深厚法学功底,且善于破解实践难题的高层次人才,笔者以为,可参考前两种模型的成功经验,构建一套新型法学博士生培养模式——就业前置。顾名思义,"就业前置"意在将学生的职业需求由毕业季提前至入

---

① 王莉方:《台湾技职教育"技术导向"博士培养特色探析——以台北科技大学为例》,载《研究生教育研究》2015 年第 3 期。

② 数据源于 2015—2020 年台北科技大学博士班《招生简章》《各系所正备取名额、录取标准暨各分组导向缺额流用方式》。

学初,高校以与企业开展项目合作研究的形式,将博士生学位论文的选题提前特定化,学生投入有偿工作的同时开展有问题意识的学术研究,具体见图1。由此,可建立以实践为导向的高层次法治人才培养模式,提升人才的主动服务意识与工作能力。

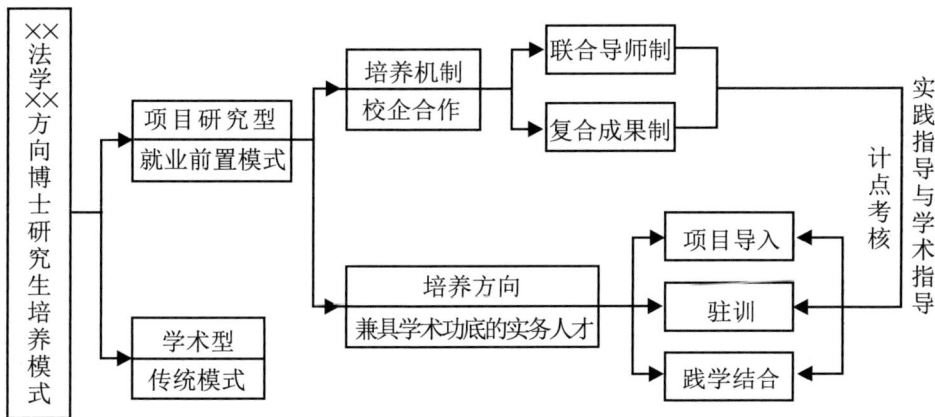

图1　法学博士生就业前置的培养模式

(一)采校企合作的培养机制

为解决现有法学博士生培养机制过于封闭的问题,高校可仿效 RPIF 项目,积极寻求与所在省市内大型企业的合作,将学术与社会资源的占有优势最大化。截至 2018 年年底,已有 287 家世界 500 强企业在重庆布局于汽车、电子、金融等行业。① 位列重庆企业 100 强榜单的重庆长安汽车股份有限公司、金科地产集团股份有限公司、龙湖集团等,同样拥有较强的市场竞争力。相对中小企业,这类企业在市场研究、风险防控、人才引进与培养等方面的需求更强烈,资金预算也更充足。

1.联合导师制

前两种模型均引入了企业导师,从而为研究者实践能力的提高创造了有利的指导环境。鉴于校内导师的培养压力与局限,可引入企业导师与校内导师组成联合导师制,以充分整合高校与企业的优势资源,实现深入的校企合作培养。

---

① 杨骏:《近 300 家世界 500 强企业布局重庆》,载《重庆日报》2019 年 8 月 23 日第 4版。

RPIF 的成功经验之一即在于拥有高素质的企业导师。为免就业前置模式下企业导师的指导流于形式,相关规定应力求明确。具体而言,企业导师由合作企业从相关部门(如法务部)的管理人员或业务专员中择优指定,以定期检查工作进度、批阅工作报告的方式,负责对该生在企业工作期间的实践指导。"术业有专攻",校内导师则主要承担博士生学术研究方面的理论指导任务。

2.复合成果制

台北科技大学对技术导向生科研能力的要求,从无到有。这也充分验证了培养拥有博士学位的实践性人才,不应以牺牲其科研能力为代价。但虑及项目实践对时间的占用,毕业生的考核方式应作相应调整:引入复合成果制,适当减少论文的数量或降低刊物级别的要求,增加对项目期间应用型成果的考核。

具体考核方式,宜借鉴台北科技大学的计点制。可对论文、获采纳的法律意见书的数量、参与谈判等纠纷解决过程的成效、审核并发现相关法律文件漏洞从而为企业挽回的经济损失额等,分别设置点数。其中,论文一项须设置最低点数限制,应用型成果则送交同行业资深专家鉴定。

(二)以兼具学术功底的实务人才为培养方向

就业前置模式旨输出兼具学术功底的实务人才,以助其更好地适应非学术劳动力市场对职业能力的需求。

1.项目导入

仿效台北科技大学,高校在博士生招生简章中,可选择适合的法学专业方向,下辟"项目研究型"与"学术型"的分类,并在前种分类中导入项目研究的合作需求。

研究项目的精准提炼,对于合作的发展至关重要。项目内容可从企业与行业的未来重大发展战略或前沿问题中产生,也可从企业近几年较为集中的工作难点、发展瓶颈等入手。如针对某金融企业面临的大量境外借贷纠纷,可从风险防控与法律适用的角度设立相应的研究项目。过程中,企业首先以"问题清单"的形式,罗列或描述对法学理论与知识的具体需求。之后,高校组织专家对此进行充分评估并拟定项目草案。最后,双方经充分沟通,对就业前置的项目内容达成合意并签订协议。

2.驻训

为帮助学生感受多元企业文化并获得足够的实践机会,增强就业前置的培养质量与社会成效,应采取驻训的工作形式。

高校与合作企业应共同选派专家组对项目申请者进行选拔,综合考量其实务工作经验、学术经历、科研潜力、领导与协调能力等。成为正式的项目研究者后,博士生将前往企业总部、国内外分支机构,或其他专门办公场所进行驻训,接受企业的职业培训并开展项目研究工作。企业应与学生签订工作合同,并向其支付报酬。

3.践学结合

首先,时间安排方面,应力求紧凑。第一、二学年为项目实践与课程学习阶段,校内授课时间可穿插于工作日之间。若学生提前完成项目研究并通过企业导师审核,也可申请提前结束项目。坚决避免因拖沓或无效研究损害合作企业的良好期待。

其次,课程安排方面,校内导师应尽可能地结合该生的研究项目,为其提供选课方面的建议,增强其学以致用的效果。此外,课程的讲授可相对灵活,必要时采在线授课等形式。

最后,学位论文的安排方面,博士学位论文应以该研究项目为题。第三年为博士学位论文的写作阶段,在此期间,两位导师均应给予必要的指导。经合作企业首肯,博士生可在论文中公开或部分公开项目所涉细节。博士学位论文答辩时,答辩委员会的组成中也应包括一至两名业界专家。

中国特色社会主义法治体系的建设需"以良法善治保障新业态新模式健康发展",而"就业前置"的人才培养模式将可为新业态注入大量优质的理论结合实践的高层次法治人才,从而更好地守护"良法善治"。

On the Reform of the Training Mode of High Level Legal Talents in the New Era: From the Perspective of Pre-employment

Wang Xiaoyan   Ni Dabao

Abstract: The goal of "adhering to the overall promotion of rule of law at the national and international levels" puts forward higher requirements for the training quality of high level legal talents. At present, the problems of the training mode of PhD students in law are mainly reflected in the closed training mechanism, the disconnection between the training direction and the market demand. The experience of RPIF and National Taipei University of Technology is valuable for the cultivation of "project research type" under the "pre-employment" training model in terms of absorbing cooperative enterprises and setting up technological orientation. It's necessary to introduce joint tutors system and compound achievement system to establish school-enterprise cooperation. Introducing projects, residential training as well as combination of practice and learning, will benefit academic practical talents.

Key words：PhD Students in Law；Pre-employment；Training Model

图书在版编目(CIP)数据

中国—东盟法律评论.第十二辑/张晓君主编.—厦门:厦门大学出版社,2021.11
ISBN 978-7-5615-8229-9

Ⅰ.①中⋯　Ⅱ.①张⋯　Ⅲ.①法律—中国、东南亚国家联盟—文集　Ⅳ.①D92-53
②D933-53

中国版本图书馆 CIP 数据核字(2021)第 228396 号

出 版 人	郑文礼
责任编辑	李　宁　郑晓曦
封面设计	李嘉彬
技术编辑	许克华

出版发行 厦门大学出版社

社　　址	厦门市软件园二期望海路 39 号
邮政编码	361008
总　　机	0592-2181111　0592-2181406(传真)
营销中心	0592-2184458　0592-2181365
网　　址	http://www.xmupress.com
邮　　箱	xmup@xmupress.com
印　　刷	厦门集大印刷有限公司

开本	720 mm×1 000 mm　1/16
印张	13
插页	3
字数	226 千字
版次	2021 年 11 月第 1 版
印次	2021 年 11 月第 1 次印刷
定价	88.00 元

本书如有印装质量问题请直接寄承印厂调换

厦门大学出版社
微信二维码

厦门大学出版社
微博二维码

中国-东盟法律研究中心简介
China-ASEAN Legal Research Center

中国－东盟法律研究中心由中国法学会于 2010 年创设，依托西南政法大学，整合中国与东盟法律法学界资源，研究本区域的法律变革、合作与发展问题，开展对东盟法律的系统性、基础性和前瞻性研究，为政府、商业团体和其他机构提供咨询服务，为本区域的繁荣发展提供法律政策上的智力支持。

中国－东盟法律研究中心是中国法学会首批法治研究基地、重庆市人文社科重点研究基地、最高人民法院东盟国家法律研究基地和东盟国家适用中国法律咨询中心，也是教育部国别与区域研究中心——东盟研究中心的重要依托。

中国－东盟法律研究中心坚持特色发展，制定实施创新智库、人才培养和法律服务三大战略，致力于打造在中国与东盟法律法学合作与交流领域发挥领军作用和具有区域影响力的平台，以服务"一带一路"建设和中国与东盟关系的发展。

中國－东盟法律评论
CHINA-ASEAN LAW REVIEW
（2021 Volume）
第十二辑 二〇二一年

责任编辑 李 宁 郑晓曦
封面设计 李嘉彬

D1393-1-1

ISBN 978-7-5615-8229-9

9 787561 582299 >

定价：88.00元

中国-东盟法律研究中心
微信公众号二维码
微信公众号：CALC2010

扫码了解更多